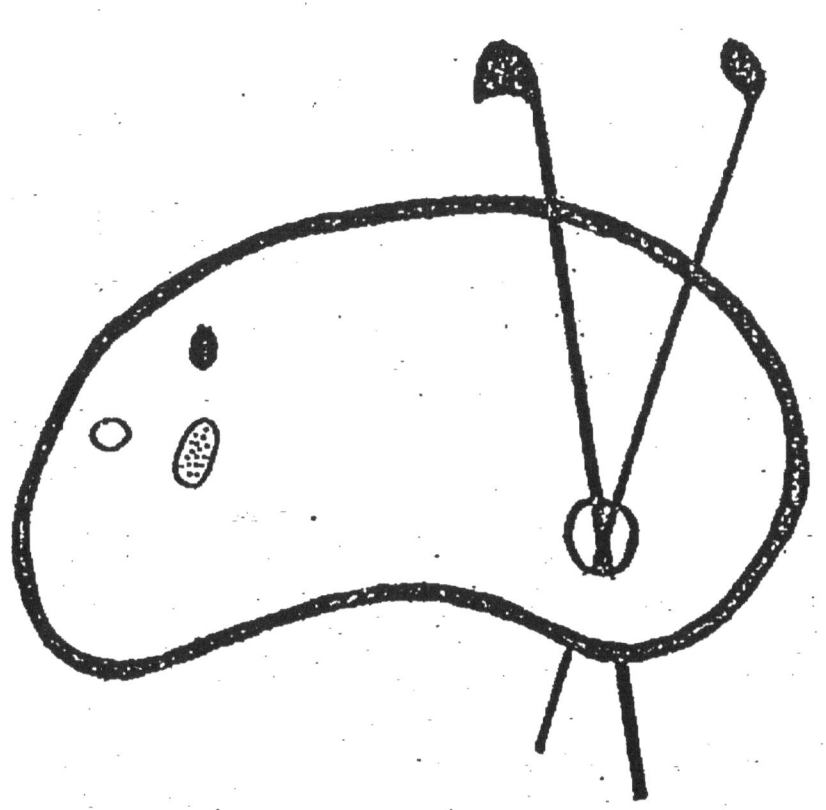

COUVERTURE SUPERIEURE ET INFERIEURE
EN COULEUR

BIBLIOTHÈQUE PÉDAGOGIQUE

INSTRUCTION
CIVIQUE

A L'USAGE DES ÉCOLES PRIMAIRES

PAR

C. F. AUDLEY

Directeur de l'*Éducation*, journal des Écoles primaires

OUVRAGE APPROUVÉ ET RECOMMANDÉ

Par S. Ém. le Cardinal Archevêque de Rouen, NN. SS. les Archevêques
et Évêques de Toulouse, Meaux, Verdun,
Moulins, Rodez, Limoges, Orléans, Nancy, etc.

TROISIÈME ÉDITION

SOIGNEUSEMENT REVUE ET CORRIGÉE

PARIS
LIBRAIRIE POUSSIELGUE FRÈRES
RUE CASSETTE, 15

1883

BIBLIOTHÈQUE PÉDAGOGIQUE

GUIDE PRATIQUE DE L'INSTITUTEUR. Notions élémentaires de Méthodologie, par M. R. HORNER, professeur de pédagogie, recteur du collège de Fribourg.. . . . . 2 50
INSTRUCTION CIVIQUE, par M. AUDLEY, rédacteur en chef de *l'Éducation*. (Troisième édition). 1 50
LETTRES ET OPUSCULES PÉDAGOGIQUES, par un Inspecteur d'académie honoraire. 2 25
ROUSSEAU (Jean-Jacques). — ÉMILE ou DE L'ÉDUCATION, livre II, avec introduction et notes. 1 75
TRAITÉ (Petit) DE MORALE, à l'usage des écoles, par M. AUDLEY. (*En préparation*).

OUVRAGES CLASSIQUES

GRAMMAIRE FRANÇAISE DE LHOMOND, revue et *complétée* par M. l'abbé MAUNOURY, et suivie d'un Traité d'analyse grammaticale et logique. 8ᵉ édition. In-12 cart. . . . . 1 fr.
EXERCICES GRADUÉS SUR LA GRAMMAIRE FRANÇAISE, par M. l'abbé MAUNOURY. 6ᵉ édition. In-12 cart. 1 25
DICTIONNAIRE DES VERBES IRRÉGULIERS, défectifs et difficiles de la langue française, où sont résolues toutes les difficultés concernant la conjugaison, par M. l'abbé NOIROT, professeur à l'école libre Saint-Bertin, à Châlon-sur-Saône. Grand in-18, broché. . . . . 2 »
LAFONTAINE. — FABLES CHOISIES. A. M. D. G. In-18 cart. . . . . 1 »
LAFONTAINE. — FABLES, suivies d'un choix de Fables tirées des meilleurs fabulistes français. — Édition classique précédée de notices biographiques et littéraires, et accompagnée de notes et remarques historiques, philologiques, littéraires et morales, par M. l'abbé O. MEURISSE, supérieur du Petit Séminaire de Cambrai. 3ᵉ édition. In-12 cart. 1 60
RECUEIL DE POÉSIES à l'usage des classes élémentaires, par M. l'abbé JOLFAUD. 2ᵉ édition. Gr. in-18. 1 25
THÉÂTRE CLASSIQUE FRANÇAIS, contenant : le *Cid, Horace, Cinna, Polyeucte*, de Corneille ; — *Britannicus, Esther, Athalie*, de Racine ; — *le Misanthrope*, de Molière ; — et *Mérope*, de Voltaire ; publié avec notices biographiques et littéraires sur les auteurs ; analyses, appréciations et critiques littéraires des pièces et notes diverses, par M. l'abbé FIGUIÈRE, professeur de rhétorique au Petit Séminaire de Notre-Dame à Mende. Grand in-18 cart.. . . . . 3 50
— Chacune des pièces se vend séparément. . . . . » 50
MOLIÈRE. — TARTUFE, analyse et extraits par M. l'abbé FIGUIÈRE. . 1 25
RACINE. — ANDROMAQUE, par M. l'abbé FIGUIÈRE. Gr. in-18, cart. 1 »
RACINE. — IPHIGÉNIE, annoté par M. l'abbé FIGUIÈRE. Gr. in-18. cart. 1 »

L'ÉDUCATION

JOURNAL DES ÉCOLES PRIMAIRES (10ᵉ ANNÉE)

Paraissant chaque semaine : **6** fr. par an.

Imprimeries réunies. A, rue Mignon, 2, Paris

INSTRUCTION
CIVIQUE

A L'USAGE DES ÉCOLES PRIMAIRES

MOTTEROZ, Adm.-Direct. des Imprimeries réunies. A
rue Mignon, 2, Paris

BIBLIOTHÈQUE PÉDAGOGIQUE

INSTRUCTION
CIVIQUE
A L'USAGE DES ÉCOLES PRIMAIRES

PAR

C. F. AUDLEY

Directeur de *l'Éducation*, journal des Écoles primaires

OUVRAGE APPROUVÉ ET RECOMMANDÉ

Par S. Ém. le Cardinal Archevêque de ROUEN, NN. SS. les Archevêques
et Évêques de TOULOUSE, MEAUX, VERDUN,
MOULINS, RODEZ, LIMOGES, ORLÉANS, NANCY, etc.

TROISIÈME ÉDITION
SOIGNEUSEMENT REVUE ET CORRIGÉE

PARIS
LIBRAIRIE POUSSIELGUE FRÈRES
RUE CASSETTE, 15
—
1883
Droits de reproduction et de traduction réservés.

UN MOT

SUR CETTE SECONDE ÉDITION

La rapidité avec laquelle s'est écoulée la première édition de notre *Instruction civique*; les hautes approbations épiscopales dont elle a été honorée, indiquent incontestablement que ce petit livre répond à un besoin de premier ordre et vient, comme on l'a déjà dit, à son heure.

Quelque satisfaction que nous causent cet heureux résultat et ces précieux encouragements, ils ne sauraient nous faire négliger les observations d'une critique presque toujours bienveillante, ni perdre de vue les imperfections qu'une rédaction hâtive a pu laisser après elle. Aussi nous sommes-nous appliqué à améliorer, autant qu'il a dépendu de nous, les détails et l'ensemble de notre livre, nous efforçant ainsi de le rendre plus digne de son succès.

Y sommes-nous parvenu? Notre travail est-il maintenant parfait? Qui oserait le dire? Qu'y a-t-il de parfait dans ce monde? Tel qu'il est cependant, nous l'offrons à notre public, maîtres et élèves, avec l'espérance d'être utile et la confiance d'avoir rempli notre tâche consciencieusement, comme il sied à un ami de la jeunesse et à un chrétien convaincu.

C. F. A.

AVANT-PROPOS

DE LA PREMIÈRE ÉDITION

Au moment où ce petit livre va paraître, j'apprends que plusieurs chrétiens sincères ont entrepris la même tâche : tant mieux, mille fois tant mieux ! Chacun pourra choisir parmi ces publications, selon ses goûts et ses tendances. Il en était temps ; les professeurs d'athéisme déploient une activité fébrile pour répandre leurs doctrines jusque dans les hameaux les plus reculés de nos montagnes, jusque dans les villages cachés entre les falaises de l'Océan.

L'Instruction civique n'est pas en soi si mauvaise chose que d'aucuns semblent le croire : elle ne devient mauvaise que si l'esprit de parti et la passion y distillent le mépris et la haine, non seulement contre tout ce qui a existé dans le passé, mais contre tout ce que les chrétiens croient, aiment et vénèrent dans le présent. Alors sans doute, l'instruction civique se transforme en une arme de guerre redoutable : tant de gens l'ont déjà surabondamment prouvé.

Qu'est-ce donc que l'instruction civique ? C'est, pour les enfants, la connaissance élémentaire des institutions de la PATRIE, dont on leur enseigne les rouages et l'organisation, institutions qui en assurent la force, la solidité, la grandeur.

Les formes de gouvernement s'élèvent et tombent, mais l'administration avec ses caractères multiples, mais les institutions dans leur variété féconde, continuent d'enfoncer leurs racines vigoureuses dans un sol profond et séculaire. Que le pouvoir s'appelle Monarchie ou République, dès le lendemain de son avènement, il est obligé d'adopter, de s'approprier un ensemble de choses qui existait hier, qui sera demain, et dont la vitalité innée suffit souvent à renverser à son tour un gouvernement éphémère, infatué de son pouvoir.

Donc cette organisation, ces institutions ont en elles une vie qui semble résulter du caractère national lui-même. Dès lors, il est utile d'initier de bonne heure la jeunesse à des connaissances qui, bien enseignées, peuvent singulièrement contribuer à faire naître et à entretenir en elle le PATRIOTISME. Le patriotisme ! qu'est-ce, sinon l'amour de la Patrie ? Et la Patrie pour l'enfant qui débute dans la vie, c'est l'église où il fut baptisé, l'église où, tous les dimanches, il va écouter son curé, lui expliquant Dieu, le fondateur suprême de toute société ; c'est la maison où cet enfant est né et où chaque jour il s'inocule l'amour filial au contact de l'amour maternel. La Patrie, c'est aussi l'école, où un instituteur intelligent et dévoué lui insuffle, jour par jour, les éléments des connaissances sans lesquelles cet embryon d'homme ne sera jamais homme qu'à demi. Est-ce tout ? Non : c'est la mairie, où la naissance et le nom de l'enfant ont été inscrits sur un registre officiel, comme sur le *Livre d'or* de la population, et vers laquelle, de temps à autre, il voit s'acheminer son père d'un pas lent et grave pour y déposer son vote dans l'urne, acte que le futur petit citoyen ne comprend pas encore, mais dont son jeune esprit perçoit vaguement l'importance.

La Patrie enfin, c'est le régiment qui passe à travers le village, musique en tête, enseignes déployées, portant fièrement son drapeau, sur lequel sont inscrits HONNEUR ET PATRIE, et provoquant chez l'enfant ce beau cri de *Vive la France !* Oui, voilà la Patrie dans son expression la plus pure, la plus sainte, et si le sens profond des paroles qu'il prononce échappe encore à l'enfant, il n'en sortira pas moins pour lui un enseignement civique, inoubliable à jamais.

Et le pouvoir exécutif et les assemblées délibérantes, de haut en bas ; et la justice, et l'organisation de l'armée ; et les droits comme les devoirs du citoyen ; et la nécessité d'une instruction solide pour remplir ces mêmes devoirs ; et les exemples des grands hommes qui ont usé leur vie à servir la patrie, ne sont-ce pas là autant d'éléments, autant d'enseignements propres à remplir, à pétrir, pour ainsi dire, l'âme de cet enfant qui sera bientôt un homme ? Pourquoi ne pas lui donner une instruction dont il pourra plus tard profiter ? Toute autorité descend de Dieu, toute autorité remonte à Dieu : sous ce rapport, République et Monarchie ne font qu'un. Et c'est pourquoi il est indispensable d'inspirer de bonne heure à la jeunesse le respect et le devoir que lui imposera plus tard sa responsabilité devant Dieu et devant les hommes. Faute peut-être d'avoir appris à nos enfants ce respect du pouvoir et des institutions de notre pays, n'aurions-nous pas nous-mêmes préparé la voie à tant de révolutions ?

En somme, cet enseignement fait partie de la morale sociale qui, à son tour, n'est qu'une émanation de la Révélation primitive et du Décalogue.

Il faut même que cette vérité soit bien saisissante pour avoir frappé tant de grands patriotes dans chaque pays civilisé. De quelque côté que nous tournions nos regards, nous rencontrons dans les écoles un enseignement qui, sous un nom ou sous un autre, est une instruction civique. Il y a quelques jours à peine, je lisais avec un véritable sentiment de respect un petit livre de ce genre destiné aux écoles primaires du canton de Fribourg en Suisse. Dans ce manuel, rien d'emphatique, rien de déclamatoire, et pourtant cet écrit est vivant, plein de choses utiles. C'est un exposé simple et précis de ce qu'il est nécessaire aux jeunes Suisses de savoir sur les institutions et les usages de leur pays. Peu de détails sans doute, mais, à travers cette sécheresse apparente, il transpire un souffle de patriotisme et un sentiment religieux qui finissent par nous émouvoir et nous pénétrer. L'auteur laisse d'ailleurs à l'instituteur le soin de donner la vie et l'animation propres à intéresser les élèves. Voilà, me disais-je, en fermant le livre, un petit traité qui fera son chemin et aura certainement son utilité.

Des Alpes helvétiques, transportons-nous à la grande République Américaine : l'instruction civique s'y est imposée d'elle-même dans les écoles, tellement la chose paraissait simple et naturelle aux habitants des États-Unis. Je ne crois même pas que, dans l'origine, aucune loi ni aucun règlement ait créé cette branche d'enseignement. Aujourd'hui, dans toute l'étendue de l'Union, il a passé dans les mœurs et personne ne s'en étonne. Personne, il est vrai, ne lui a donné ce nom de *civique*, cette pâle copie de la Convention, quand cela s'appelait en France *le Catéchisme républicain*. Personne non plus, en Amérique, n'a songé à en faire une arme de guerre contre les *cléricaux*, autrement dit contre les gens religieux. Cette folie était réservée à la France.

Revenons en Europe, au sein des vieilles monarchies, dans l'Allemagne du Nord comme dans l'Allemagne du Sud, en Prusse comme en Bavière, dans le Wurtemberg, dans le duché de Bade, en Saxe, en Autriche, partout nous rencontrons cette instruction civique dont le nom même est devenu, hélas ! avec raison, un épouvantail pour tant de Français. Dans ces pays divers, elle ne forme pas en général une branche à part; mais les livres de lecture courante en sont pleins et, sous les formes les plus variées, elle s'y présente accompagnée de ce que j'appellerais volontiers des *illustrations* et des récits héroïques qui vraiment doivent enflammer de patriotisme les petites âmes auxquelles ils s'adressent. Instituteur et élèves confondent parfois leurs cris dans un véritable accès d'enthousiasme. Si j'avais un reproche à faire à ces publications scolaires et à cet enseignement civique, ce serait de former à la longue un patriotisme trop exclusif, un chauvinisme qui va jusqu'à fausser l'histoire. Mais du moins ne renferment-elles jamais rien de nature à provoquer le mépris du passé, la haine entre concitoyens, moins encore la haine de la religion. Que ne pouvons-nous en dire autant des petits livres dont nous sommes inondés chez nous ?

Parmi les nombreuses mesures adoptées depuis peu d'années sur l'instruction publique, quelques-unes sont bonnes et resteront. A l'étranger, des hommes compétents, même des prêtres catholiques, d'ailleurs peu prévenus en notre faveur, les ont signalées à l'attention publique. Sans vouloir en rien excuser la détestable politique de nos maîtres en fait d'enseignement primaire, sachons reconnaître, nous autres chrétiens, ce qui est bon, ce qui est utile, dans ces diverses mesures. Adoptons-les sincèrement : elles sont rares d'ailleurs, celles qui ont ce caractère, et nous n'aurons certes pas l'embarras du choix. Il n'en est que plus opportun de nous les approprier et de les mettre en œuvre. Partout où le bien peut se faire, portons-nous-y résolûment, sans marchander, sans rechigner ; puis laissons le reste à Dieu. De lui dépend le succès, de nous, l'effort. En entreprenant ce modeste travail, l'auteur n'a pas eu d'autre objet ; le lecteur décidera s'il a atteint son but.

Va donc, petit Livre, et fais ton chemin, mais surtout fais ton œuvre dans la voie qui t'est tracée.

L'INSTRUCTION CIVIQUE

PREMIÈRE PARTIE

LA FAMILLE

C'était un beau jour de printemps et le soleil avait l'air de darder ses rayons joyeusement dans l'école. Tout s'illuminait; les cartes murales semblaient plus éclatantes; au dedans, la grande salle se gaudissait, pour ainsi dire, sous l'influence de la saison nouvelle. Portes et fenêtres étaient ouvertes pour admettre l'air embaumé du parfum des fleurs qui s'épanouissaient dans le modeste jardin de l'instituteur, tandis que les peupliers voisins frémissaient sous le souffle de la brise. Aussi élèves et maître se ressentaient-ils de cette renaissance de la nature, et leurs figures reflétaient la sérénité et la paix du dehors.

M. Bernard, très aimé dans la petite ville qu'il habitait depuis de longues années, avait en ce moment devant lui les enfants du cours supérieur, destinés à se disperser bientôt pour commencer la pratique sérieuse de la vie. Déjà plus d'une fois, l'excellent instituteur leur avait promis une série de leçons sur l'Instruction civique. Secrètement inspiré peut-être par la beauté même de la journée, il dit tout à coup :

— Allons, mes amis, je veux enfin remplir ma promesse et vous parler successivement de ce qui vous intéresse le plus, c'est-à-dire de la famille, de l'école et des institutions qui nous régissent. Quand vous comprendrez mieux le vrai sens de tous ces mots, vous serez plus hommes, plus chrétiens, plus patriotes, plus véritablement français. Du reste, nos leçons, comme d'ordinaire, seront des causeries simples et familières, où chacun pourra mettre son mot et me poser des questions.

Aussitôt un bon sourire de satisfaction courut sur ces visages d'écoliers ; ils savaient par expérience que leur instituteur vénéré causait bien, et même longuement au besoin. Par-dessus tout il causait clairement et se faisait comprendre.

— Voyons, Paul, reprit M. Bernard, pourriez-vous me définir la famille?

— Monsieur, riposta vivement le jeune étourdi, c'est mon père, ma mère, moi avec mes frères et mes sœurs.

— Et si vous n'aviez ni frères ni sœurs, seriez-vous encore une famille?

— Sans doute, répondit Paul.

— Alors, fit M. Bernard, à parler rigoureusement, la question de frères et sœurs n'a rien à faire dans la définition, et la famille n'est pas autre chose que le père, la mère et l'enfant. Donc que vos parents aient plusieurs enfants ou un seul, c'est toujours la famille. Seulement, dans le premier cas, la charge est beaucoup plus lourde pour eux. Votre père en sait quelque chose, maître Robin, que je vois là-bas jouant avec sa toupie et faisant semblant de m'écouter. Mais est-ce tout ce que vous comprenez dans le mot *famille?* qui pourra me répondre?

Ici il y eut un moment de silence, et les plus habiles de la classe paraissaient embarrassés. L'instituteur vint à leur secours.

— Mes enfants, reprit-il, vous avez vu ce qu'on appelle un mur en pierres sèches?

— Oui, oui, crièrent une foule de voix.

— Eh bien! regarderiez-vous un mur de ce genre comme un corps bien solide et bien compact?

— Non, interrompit le petit Jacques, à la mine espiègle et toujours prêt à parler.

— Vous avez raison; mais que lui manquerait-il donc à ce mur, pour avoir toute la solidité nécessaire?

— Du ciment ou du mortier, fit Jacques; autrement il serait facile de le renverser.

— Très bien; vous avez raison encore. Allons plus loin : le père, la mère, l'enfant sont les pierres qui servent à constituer la famille. Mais où est le ciment? Je le cherche en vain, mon petit Jacques.

L'enfant hésita quelques instants; puis, se hasarda à dire :

— Le ciment, le ciment. . . . . c'est quand on s'aime tous bien.

. . . .

— Bravo, Jacques; bien répondu, mon enfant. Peut-être ne croyiez-vous pas si bien dire, mais vous avez raison : « Quand on vit ensemble, quand on s'aime les uns les autres; quand chacun aime les autres plus que soi, quand il est heureux de ce qui leur arrive de bien, malheureux de ce qui leur arrive de mal ; quand il est prêt à les soigner quand ils ont besoin de lui, à les défendre quand on les attaque ; quand il aime mieux souffrir que de les voir souffrir, et qu'on n'est tous ensemble qu'un seul cœur ; alors c'est la famille. » (Bersot.)

Oui, poursuivit M. Bernard, et plus elle est nombreuse, plus elle doit s'aimer, se soutenir, se défendre, se secourir. Cet amour ou ciment, c'est Dieu lui-même qui l'a, pour ainsi dire, pétri de ses mains dans le cœur de l'homme, précisément pour fonder la famille. Mais quelquefois des enfants gâtent ce ciment par leurs mauvais penchants et détruisent ainsi, autant qu'il est en eux, la famille. Pour vous, mes amis, vous ne serez jamais de ce nombre, je l'espère bien. Non, jamais parmi vous il ne se trouvera un Caïn.

Questionnaire. — De combien de membres se compose la famille ? — Qu'est-ce qui constitue véritablement la famille ? — Est-ce le nombre des enfants ? Est-ce le sentiment d'amour qui les unit ?

Il sera utile de faire faire un résumé écrit sur ce sujet, comme sur les questions importantes qui vont suivre.

I

LA FAMILLE DANS L'ANTIQUITÉ PAIENNE

LE PÈRE

Pour mieux vous faire sentir, mes enfants, combien vous êtes heureux de vivre dans une société chrétienne, je vous raconterai en quelques mots ce qu'était la famille chez les païens les plus civilisés de l'antiquité.

Plus on remonte dans cette antiquité, plus on trouve l'autorité paternelle transformée en un véritable despotisme. Chez les Grecs et chez les Romains, le père pouvait traiter ses enfants comme des esclaves, les vendre, disposer de leur vie et les mettre lui-même à mort. La loi l'y autorisait, et le fait est arrivé plus d'une fois. Quand l'enfant naissait, le père pouvait le reconnaître ou le laisser périr. Si le pauvre petit être arrivait au monde avec une difformité, la loi prescrivait de le jeter dans un gouffre, comme à Sparte. Si ailleurs la loi n'autorisait pas une pareille monstruosité, elle permettait presque partout d'abandonner ses enfants si l'on était trop pauvre pour les élever. Ici, on les jetait à la mer; là, on les sacrifiait comme victimes à quelque affreuse idole. Je remarque que, de nos jours, les Chinois, peuple païen, exposent en grand nombre leurs enfants à la dent des bêtes fauves. Le barbare abandon de ces pauvres petites créatures semble donc être dans tous les temps un caractère particulier du paganisme.

Lorsque l'enfant avait grandi, le père restait encore le maître d'en disposer à son gré. Il pouvait toujours le condamner à mort, et l'on en eut plusieurs exemples dans la fameuse république romaine. A plus forte raison lui était-il permis de le vendre comme esclave, et si le malheureux réussissait à se racheter, le père avait le droit de le vendre une deuxième et même une troisième fois.

Imaginez quelque chose de pareil dans une de nos sociétés modernes. Ce peu de détails vous fera comprendre combien la loi de l'Évangile a transformé le monde sous le rapport de la famille.

Nous le verrons dans une prochaine occasion.

QUESTIONNAIRE. — Comment était organisée la famille dans l'antiquité païenne ? — Quelle était l'autorité du père et jusqu'où allait-elle ? — Abandon des nouveau-nés en Grèce, à Rome, et encore aujourd'hui en Chine. — Quel événement a changé cet état de choses ?

LA MÈRE

A côté du père se place naturellement la mère ; ce qui m'amène à vous parler de la condition des femmes dans la société antique. Écoutez bien ce que je vais vous dire. Mes enfants, vous aimez tous votre mère, qui vous le rend au centuple par sa vive tendresse. Vous serez d'autant plus étonnés du rôle qu'on assignait à la femme chez les nations du vieux monde.

Partout elle était considérée comme un être inférieur à l'homme, et je ne connais d'exception à cet égard que parmi les Hébreux, chez lesquels elle jouissait d'un véritable respect et d'une grande considération lorsqu'elle était vertueuse. Mais dans la Grèce et à Rome, loin d'être traitée comme la compagne de l'homme et la maîtresse de sa maison, elle descendait plutôt au rang de servante. Pour vous en donner une idée, sachez que, dans les premiers siècles de la république romaine, le mari ne confiait jamais les clefs de la cave à sa femme, de peur qu'elle ne s'enivrât ; et la loi lui accordait une autorité tellement despotique sur elle, qu'il pouvait la châtier par des coups, l'enfermer, la renvoyer si elle ne lui plaisait plus, ou si elle avait commis quelque délit. Cet acte de séparation accompli s'appelait le *divorce*. Ici, toutefois, je dois le dire, à la louange des premiers Romains, ils furent cinq siècles avant de se prévaloir de ce droit que leur conférait la législation. Ce qui n'empêche que la condition de la femme ne fût très abaissée et qu'on pouvait la considérer comme l'aînée de ses enfants, non comme une véritable mère de famille. Son abaissement continuait encore après la mort de son mari. Ainsi, quand le fils aîné devenait chef de famille à son tour, sa mère lui était soumise dans une certaine mesure, et cet assujettissement durait tant qu'elle n'avait pas atteint les premières années de la vieillesse.

Voilà donc en quelques mots quelle était la condition de la mère chez ces fameux Romains dont on nous parle tant. J'ajoute cependant, pour être juste, qu'ils montrèrent en général plus de respect et d'amour filial pour celle qui leur avait donné le jour qu'on n'aurait pu l'attendre de leurs lois si tyranniques pour la femme. Par ce court exposé, nous pouvons penser que ces dernières étaient plus dures encore pour l'enfant.

QUESTIONNAIRE. — Quelle était, chez les anciens, la condition de la femme dans la famille? — Donnez des exemples de cette situation à Rome? — Combien de temps dura ce régime? — Quelle était la position de la mère vis-à-vis de ses enfants après la mort du père?

L'ENFANT

Mes amis, vous avez tous vu, j'en suis sûr, un petit enfant qui vient de naître et que nous appelons souvent un *bébé*. Qu'il est faible et chétif! comme il a besoin d'être réchauffé et soutenu dans les bras de sa mère! A peine peut-il vagir, c'est-à-dire crier d'une voix plaintive, et ses yeux mêmes ne s'ouvrent qu'au bout de quelques jours. Peut-il chercher sa nourriture? Non. Peut-il se faire comprendre? Non. C'est pourtant là le roi de la création ; c'est un homme! Et il est le plus faible, le plus impuissant de tous les animaux. Supposez, par impossible, que la famille n'existe pas ; que deviendrait le pauvre petit être? il mourrait au bout de quelques heures. Mais le bon Dieu y a pourvu ; il a mis là, à côté de lui, le père, la mère, et cette ébauche d'un homme grandira, développera ses forces physiques, sourira d'abord à ses parents, apprendra à balbutier quelques paroles, aimera sa mère, recevra une éducation, deviendra un homme utile, peut-être même un grand homme. En raccourci, voilà la famille et voilà la société ; car cet enfant, une fois homme, transmettra à son tour à ceux dont il sera le père, les mêmes sentiments, les mêmes tendresses, les mêmes principes qu'il aura reçus de son propre père, de sa propre mère. Comprenez-vous maintenant tout ce que vous devez à vos parents, et combien il vous faut les chérir, les respecter? car, pour vous, ils sont une providence terrestre. Afin de vous y aider, répétez souvent : Sans eux, je serais mort de faim et de froid.

Autre chose : on a souvent raconté comme un fait démontré en Allemagne ou ailleurs, que des enfants qui s'étaient élevés dans les bois n'avaient point de famille. Ils étaient, disait-on, des enfants abandonnés. D'abord le fait n'est pas bien prouvé ; mais quand il serait vrai, on les dépeint toujours comme des êtres privés de raison, privés même de la parole et ne faisant entendre que des sons inarticulés, absolument comme des bêtes auxquelles ils ressemblaient, en outre, par leur manière de chercher leur nourriture et de s'en repaître. En lisant ces récits plus ou moins exacts, je me suis souvent demandé comment ces pauvres petits avaient pu acquérir assez de force et de sagacité pour chercher et trouver cette nourriture. N'oublions pas, d'ailleurs, qu'un de ces enfants sans famille, ainsi trouvé en Prusse, avait été recueilli par un berger qui le nourrit du lait de ses brebis. En tout cas, cela vous montre encore une fois que la famille et l'amour maternel dans la famille sont le véritable fondement de toute société.

II

LA FAMILLE SOUS LE CHRISTIANISME

Je vous ai raconté l'autre jour quelle était la triste condition de l'enfant dans la société païenne, quel était le rôle du père et de la mère dans cette même société ; voyons maintenant comment le Christianisme reconstitua complètement les bases de la famille.

Déjà, chez les Juifs, je vous l'ai dit, la famille était constituée d'une façon plus morale et plus digne de l'homme que chez les païens. Cependant, à l'époque où Notre-Seigneur parut dans le monde, il s'était glissé parmi les Hébreux beaucoup d'abus nés de leurs rapports avec les nations étrangères.

Toutefois, certaines familles avaient conservé religieusement les traditions primitives et maintenu entre époux, avec la croyance à un Dieu unique, l'amour et le respect réciproques. Au nombre de ces Hébreux d'élite étaient certainement Joseph et Marie. Et plus tard, leur exemple dut influer sur les premiers disciples du Sauveur. Sous ce rapport, le Décalogue renfermait déjà d'admirables enseignements. Vous savez aussi par l'Évangile combien Jésus était soumis à ses parents et comme il s'éleva dans une véritable atmosphère de sainte affection.

Il y avait donc là un modèle à imiter pour les nouveaux chrétiens; et ceux-ci le mirent si bien à profit, que, dans le premier siècle de l'Église, les païens disaient: « Voyez comme ils s'aiment, ces chrétiens! »

Cet exemple si nouveau opérait une véritable révolution morale chez les nations antiques. Mais la révolution que Notre-Seigneur produisit lui-même dans la condition des enfants fut encore plus profonde et plus étonnante pour les païens. Je vous ai montré comment les lois contenaient des dispositions cruelles contre l'enfant. « Pendant quarante siècles, celui-ci ne fut pas seulement l'objet du mépris des sages et de l'insouciance des législateurs, mais la victime des mœurs les plus viles. C'était de toutes parts, un horrible empressement pour les vendre, les exposer, les tuer. » (DUPANLOUP.) Vous vous rappelez, mes enfants, que ces lois impitoyables, on les trouvait alors partout chez les peuples les plus civilisés. Vous en comprendrez d'autant mieux ce que nous devons à notre bon MAÎTRE par excellence.

Dans l'Évangile, nous voyons un fait qui dut bien surprendre et même scandaliser les Juifs : partout où il allait, Notre-Seigneur était sur-le-champ entouré des enfants et de leurs mères. Ils se pressaient sur ses pas, cherchant à l'approcher pour attirer ses regards, pour être caressés par lui. Les pauvres mères, si méprisées dans l'antiquité, portaient les uns dans leurs bras, tiraient les autres par la main, pour les lui présenter et recevoir sa bénédiction. Jamais le Sauveur ne les repousse; il les accueille avec bonté, et paraît se plaire dans cette douce compagnie. C'en était trop pour ses apôtres, hommes grossiers encore et remplis des préjugés de leur temps. Dans une de ces occasions où cette multitude de petits enfants enveloppaient Jésus, ses disciples s'efforcent de les écarter avec rudesse. Mais Notre-Seigneur les arrêtant s'écrie : « Laissez venir à moi les petits enfants, » et, prenant l'un d'eux dans ses bras, il ajoute : « En vérité, en vérité, je vous le dis, si vous ne devenez semblables à l'un de ces petits, vous n'entrerez point dans mon royaume. » Quelles prodigieuses paroles pour ses auditeurs, et comme ils durent se regarder les uns les autres! En comprirent-ils toute la portée? J'en doute très fort. Notre-Seigneur voulait dire que, si par la simplicité de notre conduite et l'innocence de nos mœurs, nous, hommes faits, nous ne ressemblons pas aux enfants, nous aurons beau faire, nous n'arriverons pas au ciel. Et c'est ainsi que les bons chrétiens ont toujours entendu et mis en pratique ce beau langage.

A partir de ce moment il se fit dans le monde un changement profond: on respecta, on aima mieux l'enfance, et, grâce aux magnifiques exemples donnés par les premiers chrétiens, les actes de barbarie si fréquents dans les siècles antérieurs firent place à un régime plus véritablement humain, plus véritablement civilisé. Qui oserait aujourd'hui, chers enfants, vous traiter comme on le faisait au temps du paganisme?

QUESTIONNAIRE. — Quel est l'état de l'enfant à sa naissance? — L'enfant abandonné ou sans famille. — Y en a-t-il eu? — La famille et l'enfant chez les Juifs. — Conduite de Notre-Seigneur envers les mères et les enfants. — Transformation opérée par le christianisme.

Faire faire une rédaction sur cette leçon.

III

LA FAMILLE AVANT LA RÉVOLUTION

On a beaucoup écrit sur la condition de la famille avant la Révolution. On en a dit beaucoup de mal et beaucoup de bien. Peut-être la vérité est-elle entre les deux, parce que toujours, ici-bas, le mal est mêlé au bien. Si vous vous rappelez cette vérité dans la suite de la vie, vous vous épargnerez souvent des jugements exagérés.

En conséquence des exemples donnés par Notre-Seigneur et par la sainte Vierge, les chrétiens des premiers siècles, je vous l'ai déjà dit, avaient conçu pour l'enfance un profond respect, un non moins profond amour, et ces sentiments avaient passé jusque dans les lois romaines, où l'on en aperçoit de nombreux vestiges.

Mais, vous le savez, après les Romains et la chute de l'empire d'Occident (475 après Jésus-Christ), vinrent les barbares de toute origine, la plupart encore païens, ou peu s'en faut. Ces barbares, Visigoths, Ostrogoths, Lombards, Francs, Anglo-Saxons, etc., n'étaient guère disposés à traiter tendrement les enfants. En revanche, ils avaient un sincère respect pour leurs mères et leurs parents; et pourtant, quand le sentiment barbare prenait le dessus, ils abandonnaient, maltraitaient même ces êtres qu'ils respectaient, obéissant presque toujours à l'impulsion du moment. Au fond, c'étaient de grands enfants ; trop souvent ils en agissaient avec leur famille comme l'enfant avec ses jouets quand ceux-ci ne l'amusent plus. L'Église s'empara de ces barbares et en fit des chrétiens, soumis sans doute, mais gardant encore dans leur nouvelle conversion les mœurs farouches de la Germanie d'où ils étaient sortis. Sans cesse en guerre les uns contre les autres : le fils contre le père, le frère contre le frère ou contre une tribu voisine. Que voulez-vous que fissent dans cette mêlée épouvantable, de pauvres mères, de petites filles, de petits garçons? Ils se réfugiaient dans des monastères, et, plus d'une fois, il arrivait qu'ils s'y faisaient moines ou religieuses, pour continuer la vie paisible qu'ils y avaient menée dès l'enfance.

Voilà l'origine première de cet usage, qui engendra plus tard des abus. D'abord, tout le monde n'est pas appelé à la vie religieuse ; en outre, ces Germains si farouches trouvèrent souvent commode d'enfermer dans un monastère les enfants d'un frère dont ils avaient pris le territoire et la vie. L'Église s'efforça d'extirper ces maux, mais non pas toujours avec succès, à raison de la violence des mœurs.

Ce n'est pas tout : vous avez remarqué, en étudiant avec moi l'histoire de France, lorsque je vous ai parlé de la Féodalité, que ce régime se composait d'une foule de petites principautés jalouses les unes des autres et s'agrandissant, si faire se pouvait, aux dépens du voisin. Tous ces barons féodaux étaient plus ou moins astreints au service militaire vis-à-vis d'un seigneur plus puissant qu'eux, ou vis-à-vis du grand suzerain appelé le roi, chef souvent plus nominal que réel. Les seigneurs ainsi soumis au service militaire élevaient un de leurs fils pour leur succéder dans l'exercice de ce devoir. Il fallait donc l'habituer de bonne heure à une vie dure et au maniement des armes. D'ordinaire, le fils aîné, comme plus fort, remplaçait son père défunt. Voilà la véritable origine du droit d'aînesse.

Mais, à côté de ces rudes guerriers, il y avait les cadets, les faibles, les petits, dont les uns suivaient le frère aîné dans sa vie aventureuse, uniquement par amour pour les combats, et dont les autres se consacraient à une autre carrière, ou quelquefois à la vie religieuse.

Au milieu de cette société violente et tourmentée, l'Église cependant cheminait toujours et continuait son œuvre. De la mère, elle faisait une autorité qu'on pourrait appeler une toute-puissance suppliante. Et, sous les ailes de cette tendresse maternelle, les petits enfants s'élevaient dans le respect et l'amour de leurs parents, dans le respect aussi de cette Église qui établissait partout des écoles dans les couvents et s'ingéniait surtout à protéger l'enfance.

Eh bien! mes amis, dans les vieilles chroniques, dans les actes et les documents de ces temps reculés, dans les biographies de nos grands hommes qui s'appellent saint Louis, Duguesclin, Richemont, Bayard ou l'héroïque Jeanne d'Arc; et, plus tard, les héros du temps de Louis XIV, nous rencontrons souvent l'accent d'une grande tendresse, d'un respect profond pour leurs pères si batailleurs et pour leurs mères si douces et si chrétiennes.

Particulier à ces temps, je trouve aussi un usage bien

touchant et peu connu aujourd'hui : Imaginez que nos aïeux, nobles ou bourgeois, faisaient très souvent ce qu'ils appelaient leur *Livre de raison*, ce qui veut dire livre de compte. En se mariant, un chef de famille ouvrait un livre de papier blanc, tout battant neuf, dans lequel il inscrivait, jour par jour, les événements les plus importants de sa maison : l'héritage paternel, comment il l'avait géré ; les achats, les ventes, la naissance ou la mort successive de ses parents, de ses enfants, etc. Puis, il ne manquait jamais de consigner dans ce livre les conseils qu'il avait reçus de son père mourant et ceux qu'il donnait lui-même à ses propres descendants.

J'ai vu, mes enfants, quelques vieux livres de ce genre, et chaque jour on en découvre de nouveaux dans les anciens papiers de famille. Je ne saurais vous dire combien, moi, votre instituteur, j'ai été à la fois surpris et touché de l'amour réciproque que se portaient les membres de ces familles de l'ancien régime, appartenant à toutes les classes. Car on a vu de ces *Livres de raison* écrits par des *épiciers*.

Un mot encore, avant de finir cette leçon : Vous trouverez souvent dans des livres sur l'*Instruction morale et civique* l'exemple de Mirabeau cité comme ayant subi, plus que bien d'autres, les injustices de l'autorité paternelle. C'est très vrai, et ce n'est certes pas moi qui y contredirai ; mais il aurait fallu ajouter que la famille des Mirabeau était notée depuis longtemps, de père en fils, pour ses bizarreries. Le père de Mirabeau était donc une exception, même aux yeux des gens de l'ancien régime ; et si cet exemple prouve qu'il y avait alors des abus, le fait même qu'on le citait comme extraordinaire prouve aussi qu'on ne regardait pas de pareils actes comme une chose commune et générale.

Et maintenant, chers amis, allez vous amuser.

Questionnaire. — Quel était le caractère des barbares qui, à la fin du cinquième siècle, envahirent l'empire romain ? — Comment se comportaient-ils vis-à-vis de leurs familles ? — Quel rôle joua l'Église à cette époque ? — Quelle fut l'origine du droit d'aînesse sous la féodalité ? — Comment ce régime donna-t-il lieu à des abus ? — Rapports des parents et des enfants dans l'ancien régime. — Ce qu'il faut penser des Mirabeau. — Les *Livres de raison*. Que doit-on entendre par là ?

IV

LA FAMILLE DANS LA SOCIÉTÉ ACTUELLE

Parmi les élèves de M. Bernard, il y en avait un nommé Guillaume qui, n'étant pas l'aîné de sa famille, avait écouté avec plus d'attention que les autres le récit du maître sur la famille sous l'ancien régime. Ce garçon était de plus un esprit réfléchi et faisait souvent à l'instituteur des questions qui étonnaient ce dernier.

Le jour où M. Bernard reprit ses leçons, ou plutôt ses récits, Guillaume se levant lui dit :

— Monsieur, j'ai rencontré dernièrement un Auvergnat qui m'a assuré que, dans son pays, le droit d'aînesse existe encore. Serait-ce vrai ? J'ai de la peine à le croire.

— Mais oui, mon cher Guillaume, répondit M. Bernard. Non seulement en Auvergne, mais dans certains cantons des Pyrénées et, de plus, dans la Savoie, les paysans propriétaires avaient voulu conserver, malgré notre Code civil actuel, le droit d'aînesse. Le fils aîné succédait toujours à l'héritage paternel, et les autres enfants cherchaient fortune ailleurs. Ces paysans prétendaient que leur petit domaine se conservait ainsi bien mieux, en dépit des gens de loi, et servait souvent de refuge aux membres de la famille qui ne réussissaient pas dans le chemin de la vie; on y voyait fréquemment les cadets revenir au gîte paternel, où ils servaient d'aides et d'ouvriers au frère aîné, qui se faisait un devoir de les accueillir. C'est un point que je n'ai pas à discuter, d'ailleurs depuis l'annexion de la Savoie ce régime a disparu. Mais, tout près de nous, en Angleterre, le droit d'aînesse existe encore, et l'on ne s'en plaint pas trop jusqu'ici.

Maintenant arrivons vite à ce qu'est aujourd'hui la famille en conséquence de la Révolution. Quand se réunirent les États généraux de 1789, tout le monde, le roi en tête, était à peu près unanime pour opérer des réformes devenues nécessaires. Mais, avec l'impétuosité française, on voulut bientôt détruire radicalement tout ce qui avait existé dans l'ancien ordre de choses, vieux de tant de siècles. Par-dessus tout, on s'acharna à renverser l'Église, et, de là, on passa à la destruction de la plupart des institutions politiques et sociales, qui avaient fait la France glorieuse et puissante.

Je n'ai pas à vous raconter en détail ce que vous pourrez apprendre plus tard. Je vous dirai seulement qu'au milieu de ces hommes haineux, incrédules, passionnés, il s'en trouvait beaucoup de bien intentionnés, appartenant même à la plus grande noblesse de

France, et qui, au 4 août, abandonnèrent volontairement tous leurs privilèges dans un élan de générosité jusque-là sans exemple. Malheureusement ils furent bientôt écrasés par la tourbe des révolutionnaires, et la confusion, puis l'anarchie, puis les scènes sanglantes ne tardèrent pas à paraître. Voilà ce qu'il ne faut jamais oublier, jamais perdre de vue ; car, à force de renverser, on empêche le rétablissement de l'ordre.

Cependant, de ce malheureux état de choses il sortit un ensemble de réformes et de lois qui sont aujourd'hui la base de notre régime actuel, réformes et lois contenues dans le *Code civil* ou *Loi française*. Je n'ai pas, bien entendu, à discuter ces lois devant vous ; je me borne uniquement à les constater, à les analyser.

Le Code règle les rapports des enfants avec leurs parents, de manière à empêcher autant que possible tout acte d'arbitraire et d'injustice. Il faut le proclamer très haut : personne, à moins d'être fou, ne songerait maintenant à rétablir l'ancien régime tel qu'il existait avant 1789.

Autre détail qu'il est bon de ne pas oublier non plus : c'est que notre Code civil ou collection de lois concernant les droits et les devoirs des citoyens vis-à-vis les uns des autres, fut préparé et rédigé après la période révolutionnaire, lorsque Napoléon Bonaparte était encore premier consul. Cet homme célèbre réunit, pour ce grand travail, les principaux personnages qui avaient appartenu autrefois à notre vieille magistrature française.

Comment ce Code civil a-t-il réglé les rapports des enfants avec les parents ? Dans toutes les familles, sans exception, hautes, moyennes ou basses, l'autorité paternelle est la même; l'enfant est soumis à cette autorité jusqu'à sa majorité, c'est-à-dire jusqu'à l'âge de *vingt et un ans*. Tant que dure sa minorité, la loi l'astreint à obéir à la volonté de son père, qui, généralement, tend à son bien réel. Mais enfin il y a de mauvais parents comme de mauvais enfants, et, dès lors, la loi a dû prévoir le cas où elle serait obligée d'intervenir pour empêcher ou corriger les actes arbitraires et inconsidérés du père de famille. Si celui-ci donne de mauvais exemples à ses enfants, s'il compromet follement la fortune dont ils devront profiter plus tard, il est juste que les magistrats les protègent contre ses caprices ou ses mauvais traitements. Il n'est pas moins juste, si les enfants eux-mêmes se révoltent contre l'autorité paternelle, s'ils deviennent vicieux au point de compromettre l'honneur et le bien-être de la famille commune, que le père ait le droit de les faire enfermer par une sentence judiciaire, pour un mois si l'enfant a moins de *seize ans*, pour six mois s'il a dépassé cet âge. Des dispositions analogues existaient dans l'ancien droit français.

L'autorité du père va même plus loin. Supposons que cet enfant se soit montré si mauvais qu'il ait subi l'une des deux condamnations que je viens de vous indiquer, et qu'après son élargissement il persiste dans ses penchants vicieux, il ne se repente pas de ses fautes. Le père peut encore faire enfermer ce méchant enfant dans une maison de correction jusqu'au moment où il n'y aura plus rien à craindre de ses dérèglements, si ce n'est pour lui-même. Mais, remarquez-le, un tribunal seul peut autoriser toutes ces mesures pénitentiaires, et rien n'est laissé à l'arbitraire ou à l'injustice. C'est assurément un grand bien et une garantie sérieuse pour la famille.

Dans l'ancien régime, vous vous le rappelez, les enfants héritaient inégalement de la fortune paternelle. Aujourd'hui, tous les enfants ont une part égale dans ce même héritage : ainsi le veut la législation actuelle. Il est néanmoins certains cas où le père de famille a le pouvoir de faire un avantage particulier à tel ou tel enfant. Mais ces cas sont eux-mêmes réglés par la loi, afin d'éviter autant que possible jusqu'à l'ombre d'une atteinte à l'équité.

M. Bernard allait terminer cette leçon qui lui paraissait un peu difficile à comprendre pour ses élèves, quand il reprit tout à coup :

— J'allais omettre un point essentiel. Je vous ai parlé longuement de l'autorité paternelle, mais de celle de votre mère je ne vous ai rien dit. Supposons que par malheur votre père vienne à mourir, la loi vous impose la même obéissance à l'égard de votre mère que vous montriez à votre père lui-même. Entre son autorité à lui, et son autorité à elle, il n'y a aucune différence. Toutes deux tendent à se fondre et à se confondre pour agir dans un but commun : le bonheur des enfants. Le Code semble presque ne pas comprendre qu'il eût soit autrement ; et vous, mes enfants, ne doutez pas un seul instant qu'il doit en être ainsi. Vous le devez d'autant plus, que l'autorité de votre mère est tellement mêlée d'amour que la chère femme donnerait mille fois sa vie pour assurer la vôtre ; aimez-la donc en retour, respectez-la, obéissez-lui sans murmurer, sans regimber, ne fût-ce que pour reconnaître la tendresse qu'elle vous porte. Quelquefois cependant il arrive (et c'est un grand malheur) que les parents ne s'entendent point pour diriger la famille. Alors, il faut que la loi intervienne, sinon pour les mettre d'accord, tout au moins pour régler leurs rapports avec les enfants. Ces cas sont, Dieu merci, fort rares, et, Dieu merci encore, ce n'est pas dans vos familles qu'on trouverait de pareils exemples.

J'ajoute : Si vous aviez le malheur de perdre votre père, votre bonne mère hériterait légalement de son autorité, et certes la loi ne pouvait confier à des mains plus sûres la direction de la famille. Notez qu'il faut alors à la mère un double fonds de force et d'énergie pour suffire à la tâche, surtout si la famille est nombreuse. C'est donc pour vous aussi un double devoir de l'entourer de soins et d'obéissance filiale.

QUESTIONNAIRE. — Quel était l'état des esprits à l'ouverture des États généraux de 1789 ? — Ardeur à réaliser des réformes nécessaires. — Comment ces tendances se changèrent-elles en confusion et en désordre ? — Qu'entend-on par Code civil français ? — Quand et par qui fut-il établi ? — Quelles en sont les principales dispositions sur l'autorité paternelle, sur la question des héritages ; — sur l'autorité de la mère, si elle reste veuve avec des enfants mineurs ?

V

DEVOIRS DES ENFANTS ENVERS LA FAMILLE

AMOUR POUR LES PARENTS

Me voici arrivé, mes chers enfants, à un sujet bien grave et qui doit vous aller au cœur plus que tout autre : il s'agit des sentiments d'amour, d'obéissance, de respect que vous devez à vos parents. Rien de plus naturel sans doute que de voir naître ces sentiments dans vos âmes ; mais si, par malheur, il s'en trouvait un seul parmi vous assez mal disposé pour ne pas les ressentir, il doit se rappeler qu'au-dessus de toutes les lois humaines, que, derrière toute la morale humaine, il y a la loi de Dieu qui nous prescrit, qui nous ordonne, de la manière la plus formelle et sous peine de malédiction, d'aimer nos parents, de les honorer, de leur obéir. Aucun de vous n'a certes oublié le quatrième Commandement proclamé devant les Hébreux assemblés au pied du mont Sinaï. J'ouvre le Décalogue et j'y lis :

« Honore ton Père et ta Mère afin que tes jours soient longs sur la terre que le Seigneur ton Dieu t'a donnée. »

Tel est ce grand Commandement, fait non seulement aux Juifs, mais à toutes les nations, et supérieur à tous les codes civils. Que ceux-ci, par impossible, soient détruits sans exception, la loi divine ne périra jamais.

Je remarque en outre que, dans les dix Commandements, celui-ci est le seul auquel le Seigneur ait attaché une récompense terrestre, en promettant au bon fils la prolongation de la vie ici-bas.

Aimer ses parents! cela est si naturel qu'il vous paraîtra peut-être étonnant que je vienne vous en parler, et pourtant cela est nécessaire. Prenons tout de suite un ou deux exemples. Voici Pierre qui accable son père et sa mère de caresses. Voit-il paraître cette dernière dans la salle, vite il accourt pour la couvrir de baisers et lui dire : « Maman, si tu savais combien je t'aime ! » Puis, un instant après, ne pensant plus à cette bonne mère, le voilà qui court précisément faire ce qu'elle lui avait défendu.

Maintenant, voici Paul : lui aussi dit qu'il aime beaucoup sa mère, mais il le fait moins paraître que son camarade. Quelques-uns même l'accusent d'indifférence et de froideur. Pourtant Paul a une grande qualité : lorsque son père et sa mère lui ont ordonné de faire une chose ou défendu d'en faire une autre, il obéit aveuglément à leurs instructions et se trouve fort heureux de la plus légère marque d'affection de leur part. C'est son unique récompense et elle lui suffit.

Mes amis, je vous le demande : lequel de ces deux enfants aime mieux ses parents? la réponse est facile, et je n'ai guère besoin de vous l'indiquer. Notre-Seigneur lui-même s'est chargé de nous le montrer dans une de ses admirables paraboles. Vous rappelez-vous ce père qui, dans l'Évangile, a deux fils? A l'un d'eux qui paraît affectueux et soumis, il commande d'aller porter un ordre à ses ouvriers ; ce fils se hâte de répondre: Oui, père, j'y vais, et il n'y va pas. L'autre fils, d'un caractère évidemment difficile, reçoit également un ordre de son père, auquel il répond d'une façon presque insolente : Non, je n'irai pas, et pourtant, quelques instants après, il part et exécute l'ordre paternel. Jésus-Christ n'a-t-il pas raison de demander à la multitude assemblée autour de lui lequel aimait mieux son père, le premier ou le dernier? Vous voyez donc qu'en fait d'amour filial, il y a la réalité et l'apparence, comme en toute chose ici-bas.

Est-ce à dire cependant que vous deviez ressembler dans votre amour au fils un peu maussade de l'Évangile? Évidemment non. D'ailleurs votre cœur ne vous y porterait pas. Et vous n'oublierez jamais que, si aimer est pour vous un penchant naturel, c'est aussi une dette sacrée que vous êtes tenus de payer jusqu'à la dernière obole. Or, qu'est-ce qu'une dette? c'est l'obligation de rembourser ce qu'on a reçu, et, dans ce cas-ci, la dette est grande ; car de quels soins tendres, minutieux, délicats, votre mère ne vous a-t-elle pas entourés depuis votre naissance jusqu'à ce jour! Comme elle s'est ingéniée à ouvrir votre petite intelligence, pour vous apprendre à parler, quelquefois même à lire!

Quand vous étiez malades, que d'angoisses!... Quel empressement à soulager votre douleur! Que de nuits blanches passées à votre berceau! Comment vous acquitter de tant de bienfaits, de tant d'amour? d'une seule façon : en l'aimant de toutes les forces de votre âme, mais surtout en lui obéissant toujours, même quand vous ne comprenez pas la raison de ses ordres.

Et ce que je dis de votre mère, je le dis de votre père : celui-ci ne travaille-t-il pas tout le jour pour gagner de quoi vous loger, vous vêtir, vous mettre à même de venir à l'école? Le soir, quand il rentre des champs ou de l'atelier, bien fatigué, bien harassé de ses labeurs du jour, sa joie et son repos : c'est de vous voir tous réunis autour du foyer et de la table domestiques ; c'est d'apprendre que vous avez rempli les devoirs de la journée ; c'est de bercer dans ses bras ou de faire sauter sur ses genoux le dernier venu de vos frères ou de vos sœurs. Quelles plus grandes marques de tendresse peut-il vous donner ?

QUESTIONNAIRE. — Aimer leurs parents, est-ce pour les enfants une obligation ? — Montrez par l'Évangile qu'il y a deux façons de les aimer. — L'amour du père est-il de même nature que celui de la mère ? — Prouvez-le par des exemples.

RÉCIT : UN FILS INGRAT

Il existe des fils ingrats, nous ne le savons que trop. Ces fils-là croient pouvoir se dispenser d'aimer leurs parents, le plus souvent parce que, disent-ils, ceux-ci ne sont pas toujours de bonne humeur. Très probablement, la conduite de ces enfants est la cause première de cette mauvaise humeur. L'histoire suivante en est une preuve entre mille autres exemples.

Vous savez peut-être qu'environ quatre cents ans avant Jésus-Christ, il existait à Athènes, la ville la plus fameuse de la Grèce, un philosophe très célèbre qu'on appelait *le plus sage des hommes*. Il se nommait Socrate et était fils d'un potier.

Socrate acquit sur ses contemporains une grande influence qu'il dut surtout à sa vertu, à la simplicité de sa vie et à sa haute intelligence. Comme il instruisait ses concitoyens plus particulièrement en les interrogeant, pour les amener ainsi peu à peu à se connaître eux-mêmes, on a appelé cette manière de procéder par questions la *Méthode socratique*. Je l'emploie souvent avec vous.

Ce Socrate donc avait un fils nommé Lamproclès, qui n'aimait guère sa mère. Un jour son père, le rencontrant, lui adressa ces paroles :

« Mon fils, à quelle classe de gens faut-il donner le nom d'ingrats ?

— Ce sont assurément, repartit celui-ci, ceux qui ne se rappellent pas les services qu'ils ont reçus, ou qui négligent de les rendre.

— Mais alors n'est-il pas vrai que cette négligence est criminelle, et que plus les services reçus sont grands, plus est odieuse l'ingratitude ?

— Certes, oui, répondit Lamproclès.

— Eh bien ! mon fils, continua Socrate, que devons-nous penser de ta conduite envers ta mère ? A elle tu dois la vie, et, par cette vie, tous les biens dont les dieux ont comblé les hommes. C'est ta mère qui t'a nourri, élevé, au prix de mille douleurs et de mille fatigues.

— D'accord, reprit Lamproclès, tant soit peu honteux : ma mère a fait tout cela, mais son humeur est si acariâtre qu'il est impossible de la supporter.

— Et, toi-même, mon fils, que de déboires tu lui as causés, et elle les a supportés sans se plaindre ! Que de fois l'as-tu réveillée par tes pleurs quand tu étais tout petit ! Que de fois l'as-tu chagrinée par tes fautes ! Et pourtant elle n'a jamais cessé de t'aimer. O cher fils, prie la Divinité, prie la Divinité de te pardonner tes fautes envers ta mère, et désormais ne l'offense plus, afin de ne pas tomber dans le mépris des hommes. De quelle vertu serais-tu capable, si tu ne commençais par aimer ta mère ? »

Voilà bien, vous le voyez, le fils ingrat, qui s'appuie sur le mauvais caractère de sa mère pour ne pas l'aimer. Le fait est que Xantippe (c'était son nom) était assez grondeuse et rechignée. Socrate lui-même le savait par expérience, mais cet homme éminent ne répondait jamais que par une admirable douceur aux accès de mauvaise humeur de son épouse.

Il prêchait donc d'exemple en tenant à Lamproclès le langage que nous venons d'entendre. Ce trait a souvent été cité, mais il est toujours bon à rappeler, puisqu'il nous montre en quelle haute estime un païen (car il l'était après tout) tenait l'amour filial. Jugez donc si, vous qui avez le bonheur d'être chrétiens, vous devez aimer vos parents, quand même leur humeur vous paraîtrait parfois inégale. Je vous le répète encore une fois, c'est vous-même, hélas! qui en êtes trop souvent l'unique cause, ne l'oubliez jamais.

QUESTIONNAIRE. — L'ingratitude filiale. — Racontez l'histoire de Lamproclès, fils de Socrate. — Conclusion à tirer de cette histoire.

OBÉISSANCE

Obéir, c'est un grand mot, non seulement pour vous, mes enfants, mais pour tout le monde. Oui, presque toujours, chez l'homme fait comme chez l'enfant, c'est chose difficile que d'obéir à un ordre reçu. Je ne vous cache pas la vérité, mais si je cherchais à vous la cacher, il y en a parmi vous qui se chargeraient eux-mêmes de me la dire. Nous aimons tous notre liberté absolue; notre premier mouvement est de regimber. Au fond, lorsqu'il s'agit pour nous de faire le bien, et le bien est presque invariablement un devoir, nous éprouvons une certaine peine à l'accomplir. De là, la résistance intérieure à l'ordre; et nous répondrions volontiers : « Non, je ne le veux pas. » Pour moi, je ne suis nullement étonné que vous me désobéissiez, puisque vous désobéissez souvent à vos parents et à Dieu lui-même. Mais pourquoi lui désobéissez-vous? Et pourquoi ne m'obéissez-vous pas? Voyons.

Quand vous êtes tout petits, vous ne savez rien de rien; vous ne connaissez pas les dangers qui vous entourent, vous ne connaissez pas les propriétés des objets divers, et au moment même où vous croyez seulement vous livrer à un amusement ou à une occupation agréable, vous vous exposez peut-être à perdre la vie. Ah! si vous l'aviez su! Eh! oui, justement vous étiez trop petits pour le savoir, et pourtant votre mère vous l'avait bien dit.

Un exemple me revient en mémoire. Avant de venir ici pour tenir l'école, j'étais dans un village nommé Triaucourt; comme je sortais un jour pour aller voir un de mes confrères dans un village voisin, je longeais un ruisseau qui coule tout près de là. A travers les saules qui bordent ses rives, je crus apercevoir tout à coup je ne sais quoi se débattant dans l'eau. La peur me saisit, je me précipite vers l'endroit, et je vois un petit enfant luttant contre la mort. L'enlever, le presser dans mes bras, le rapporter au pas de course à sa mère, ce ne fut pour moi que l'affaire d'un instant. Jugez de l'épouvante et, en même temps, de la joie de la pauvre femme, quand elle reçut son enfant déjà évanoui. « Ah! mon cher monsieur, s'écria-t-elle, en me remerciant, je le lui avais pourtant bien défendu, à mon pauvre petit Charlot. » C'était vrai; mais peut-être aurait-elle dû veiller plus attentivement à ce que Charlot exécutât la défense qu'elle lui avait faite. Savait-il qu'en courant au bord de la rivière il s'exposait à y tomber et à s'y noyer? S'y noyer! qu'est-ce que cela signifiait? comprenait-il ce mot? — Attiré d'abord par les fleurs de la prairie, puis par les scintillements des eaux, puis par les canards qui s'ébattaient sur les ondes, il y avait couru, il était tombé, et peu s'en fallut qu'il n'en mourût. Et si le petit Charlot était mort, c'eût été probablement pour n'avoir pas compris la défense de sa mère.

Vous aussi, mes enfants, souvent vous ne comprenez pas pourquoi votre père ou votre mère vous imposent telle ou telle défense; même quand vous auriez quinze ans, que de fois vous ne comprendriez pas encore la raison qui les fait agir! Mais eux, ils la comprennent, ils la savent; ils ont pour eux ce qu'on appelle l'expérience, la pratique des choses, comme vous l'acquerrez plus tard. Donc, il faut leur obéir, même quand cela vous contrarie, même quand un camarade voudrait vous entraîner à la désobéissance. Encore une fois, vos parents en savent plus long que vous et, dans leurs ordres, ne vous veulent que du bien.

Vous savez que j'aime beaucoup à connaître comment ont tourné mes élèves, quand ils ont quitté mon école, et s'ils ont réussi dans la vie. Parmi ceux-ci, j'en ai eu un appelé Eugène Perrin, fils d'un honnête charpentier qui avait six enfants. Perrin travaillait énormément, n'allait jamais au cabaret, rendait sa femme très heureuse et élevait très bien sa nombreuse famille. Comme il n'avait pas de fortune, il voulait par-dessus tout que ses enfants fussent pourvus d'une instruction solide, sachant qu'avec ce premier fonds et une bonne conduite on arrivait facilement à gagner sa vie. Notre brave Perrin, ayant des relations dans l'administration d'un chemin de fer voisin, espérait y faire entrer son fils Eugène comme employé. Mais pour cela il aurait fallu posséder certaines connaissances en arithmétique appliquée et en géométrie. C'est juste ce qu'Eugène n'avait jamais voulu apprendre. Au lieu d'aller à l'école, il courait les champs et il acquit à la longue la réputation d'un paresseux. Son pauvre père l'avait pourtant soigné, suivi de près. Toute sa peine fut inutile; Eugène fit toujours la sourde oreille et, à l'heure actuelle, où son père est dans la tombe, lui-même est dans la misère.

QUESTIONNAIRE. — Quel doit être le caractère de l'obéissance filiale? — Elle doit être illimitée, immédiate. — Faire de cette question un sujet de rédaction.

RESPECT ET RECONNAISSANCE

Le respect! Voilà encore un grand mot, parce que c'est une grande chose. Avez-vous remarqué dans le récit biblique quel profond respect, quel amour, quelle obéissance, le jeune Tobie, parvenu à l'âge d'homme, montre à son père déjà vieux et affligé de cécité? Comme il entreprend avec empressement un long voyage pour lui obéir; et comme, par cette prompte obéissance, il obtient de Dieu la guérison miraculeuse de ce père chéri!

Qu'est-ce donc que le respect? C'est un sentiment de vénération, de déférence qu'on a pour quelqu'un à cause de son caractère, de sa qualité ou de son âge. Deux personnes tout à fait égales d'ailleurs, quant à la position, peuvent se respecter à cause de leurs vertus réciproques, mais très souvent aussi ce sentiment est accompagné d'un autre, celui de notre propre infériorité morale ou intellectuelle, quand nous nous comparons à la personne que nous respectons. Or, je vous le demande, tant que vous êtes enfants, comment ne seriez-vous pas inférieurs à vos parents en sagesse et en expérience? Et quand vous serez devenus grands à votre tour, quand la loi humaine vous affranchira de l'obligation de leur obéir en toutes choses, ni elle, ni à plus forte raison la loi divine ne vous affranchiront jamais de leur témoigner le plus profond respect.

Au sein de notre vieille société française, mes amis, le respect pour les parents était un des traits saillants de la famille. Dans les classes nobles, et même aussi dans les classes bourgeoises, ce même respect se manifestait par des formules de langage qui nous étonnent aujourd'hui, mais on ne s'en étonnait pas alors, et je remarque que, si cette sorte d'exagération dans le respect était généralement admise, elle se conciliait admirablement avec un amour profond des parents pour leurs enfants et de ceux-ci pour leurs parents. En outre, ces formes de langage avaient le grand avantage d'empêcher la familiarité excessive de la part des enfants, qui devient de nos jours trop souvent le fléau de l'intérieur des familles. Vous, mes chers élèves, ne tombez jamais dans ce défaut; car, ne l'oubliez pas, vos parents eux-mêmes par un sentiment délicat, vous respectent dans votre innocence, dans votre inexpérience et dans vos naïvetés enfantines. Un païen n'a-t-il pas dit : Nous devons à l'enfant le plus grand respect, à raison de sa faiblesse et de son ignorance. Et, croyez-moi, ce respect-là est mêlé d'amour paternel.

Mais, à côté du respect, vient se placer la reconnaissance. La reconnaissance est si naturelle à un cœur aimant..... la gratitude pour des bienfaits reçus et persévérants, est si douce ! Mais comment la montrerons-nous ? Par nos actes, par toute notre conduite, en conservant précieusement comme un trésor le souvenir de l'amour dont nous ont comblés notre père, et notre mère. La gratitude ! la brute même nous en montre. Voyez le chien : nous le caressons ; sous une forme ou sous une autre, nous lui procurons un certain bien-être : il le ressent, s'attache à nous, devient fidèle, nous le prouve en nous défendant tant qu'il peut contre toute attaque. Il est même reconnaissant quelquefois jusqu'à la mort ; et, dans la vie ordinaire, il nous témoigne de son mieux sa reconnaissance en nous léchant les mains, en gambadant autour de nous, en se couchant à nos pieds, en nous regardant dans les yeux comme pour deviner notre pensée. Il ne lui manque vraiment que la parole. Aussi quelqu'un l'a-t-il appelé notre *demi-frère*.

Voilà donc un animal qui nous donne l'exemple. Est-ce que, nous autres, doués d'une intelligence supérieure et de la parole, nous n'en ferions pas autant pour nos parents ? Oui, sans doute ; et, dans chacune de nos actions, nos sentiments, notre raison et surtout notre conscience, se confondent pour leur montrer pleinement notre gratitude. Jamais, quand nous serons grands, nous ne leur marchanderons les preuves réitérées de notre amour ; jamais nous ne dirons à nous-mêmes : Mon père où ma mère ont fait ceci, ont fait cela. Je vais en faire juste autant pour eux : nous serons quittes. Fi ! c'est d'un cœur misérable : celui-là ignore jusqu'aux premiers éléments de la reconnaissance.

QUESTIONNAIRE. — Qu'est-ce que le respect? — Pourquoi doit-on le respect à ses parents? — Citez un exemple de respect filial pris dans la Bible. — Pourquoi devons-nous de la reconnaissance à nos parents? — Doit-elle exister toujours et comment devons-nous la montrer? — Rappelez l'exemple du chien.

LE DÉVOUEMENT FILIAL : RÉCIT

Dans notre France chrétienne, nous avons de superbes traits de dévouement filial. Je ne veux vous en citer qu'un exemple, pour ne pas trop allonger nos leçons :

C'était en 1358, le jour de cette horrible bataille de Poitiers, où douze mille Anglais couchèrent sur le terrain vingt mille Français, et firent je ne sais plus combien de prisonniers. Le roi Jean, vous le savez, lutta jusqu'au dernier moment avec un courage chevaleresque, mais sans succès. Il portait à chaque instant de terribles coups d'épée aux assaillants : pressé de plus en plus par ceux-ci, couvert de sang, il lui était difficile de parer tous les coups. Alors on vit son jeune fils Philippe, âgé de douze ans, qui avait refusé de le quitter, se tenir bravement à ses côtés, écartant du roi les coups d'épée et lui criant sans cesse : « Père, gardez-vous à droite ; père, gardez-vous à gauche ; » et l'héroïque enfant continua ainsi pendant quelque temps d'offrir son propre corps comme un rempart à celui de son père, jusqu'au moment où il fallut se rendre.

Philippe partagea la captivité du roi Jean et conquit dans cette solennelle occasion le surnom de *Hardi*, par lequel il est connu dans notre histoire.

QUESTIONNAIRE. — Racontez par écrit ou de vive voix le récit précédent.

DEUXIÈME PARTIE

L'ÉCOLE

I

L'ÉCOLE D'AUTREFOIS ET L'ÉCOLE D'AUJOURD'HUI

Un dimanche, M. Bernard prenait un peu de repos au bord de la petite rivière qui coulait non loin de son école. Comme il revenait tranquillement au coucher du soleil, regardant les saules qui se balançaient avec des reflets dorés au souffle de la brise, et qu'il rêvait à ce qu'il dirait à ses élèves sur l'instruction civique, il fut accosté par la mère Blanchard, femme accorte et agréable, à la langue bien déliée, comme il convient à une commère; elle s'écria : — Ah! monsieur Bernard, qu'est-ce donc que vous avez dit à nos enfants? On ne les reconnaît plus. Tenez, mon petit Jules, vrai diable s'il en fut, n'est plus le même : il était toujours à taquiner ses sœurs, à taper ses petits frères, à faire enrager son père qui souvent n'en pouvait plus, le cher homme. Eh bien, Jules obéit maintenant sans murmurer à tout ce que nous lui commandons. Il est aimable pour ses frères et sœurs ; le soir, il prépare ses devoirs pour le lendemain. Ma foi! c'est un plaisir rien que de le voir... Et encore s'il n'y avait que lui qui ait ainsi changé tout à coup, on n'en serait peut-être pas surpris, mais voilà que la mère Lebrun, la femme du meunier, vous savez, et la mère Jacques, et la mère Maréchal, et bien d'autres me chantent la même chanson. Qu'est-ce que vous leur avez dit, à ces diablotins, qu'est-ce que vous leur avez dit, monsieur Bernard?

— La chose est bien simple, repartit l'excellent instituteur, et vous la comprendrez facilement, ma chère madame Blanchard. J'ai parlé à mon petit peuple de ses devoirs envers les parents. Vous concevez que cela les touchait de près. L'attachement que vous leur portez; le mal que vous vous donnez pour les bien élever, pour leur procurer une bonne instruction, pour en faire par la suite des citoyens utiles; puis, en retour, l'amour, le respect, la reconnaissance qu'ils vous doivent; puis encore, l'affection fraternelle qu'ils se doivent les uns aux autres, non seulement dans la maison et au village, mais pendant leur vie entière, pour s'aider et se soutenir. Par-dessus tout, je leur ai montré Dieu leur imposant le devoir d'une obéissance absolue, d'un respect profond, d'un amour sans bornes, pour les auteurs de leurs jours. Je leur ai montré même ce Dieu, les récompensant dès ici-bas de leur fidélité à remplir ce devoir. Tout cela les a remués, les a fait réfléchir, sans qu'ils en eussent conscience, et je suis fort aise d'apprendre qu'ils en ont recueilli quelque fruit. Chez les enfants, vous me l'avez dit vous-même un jour, la tête est légère, éventée, mais le cœur est naturellement bon et souvent se tourne vers le bien. Moi, je cherche à appliquer de mon mieux votre juste observation, et voilà pourquoi j'ai commencé mon cours d'instruction civique par entretenir mes élèves de leurs devoirs envers la famille. La famille, madame Blanchard, c'est la base de la société, et il y a beaucoup de chance, quand les enfants s'acquittent de leurs devoirs envers elle, qu'ils remplissent dans la suite ceux de bons Français. Et puisque nous sommes en train de causer, laissez-moi vous dire encore un mot. Dans le cours de mes leçons sur la famille, j'ai entremêlé des récits offrant des modèles d'amour filial. Ce n'est pas sans raison : les enfants aiment passionnément les histoires, et les exemples pratiques font plus d'impression sur eux que de longs discours. Je n'ai eu garde de l'oublier, et peut-être ce que vous me dites de Jules en est une preuve.

— C'est donc pour ça, mon cher monsieur, qu'il revient sans cesse sur le fils de Tobie !

— Eh bien, madame Blanchard, reprit l'instituteur, croyez-moi, votre petit Jules a la tête chaude, mais le cœur excellent ; il en ferait autant pour vous, s'il le fallait ou s'il le pouvait, j'en suis sûr.

— Ah ! que nous sommes reconnaissants, continua la brave femme, de tout le mal que vous vous donnez pour nos enfants. Si tous les instituteurs étaient comme vous, chacun s'en trouverait joliment bien, allez. Vous ne nous quitterez jamais, n'est-ce pas, monsieur Bernard ?

— De cela, je ne puis répondre, repartit le bon maître. Je dépends de mes supérieurs. Du reste, je me trouve heureux ici ; vous êtes de braves gens et je n'ai pas à me plaindre de vos enfants. Quant aux autres instituteurs, bon nombre d'entre eux me sont certainement supérieurs.

— Ah! je n'en crois vraiment rien, monsieur Bernard; mais à propos, de quoi leur parlerez-vous la prochaine fois, à ces moutards? demanda Mme Blanchard.

— De l'école donc, fit l'instituteur. Mais nous voilà à la porte de chez moi, il faut que je vous dise bonsoir; après souper j'aurai encore à préparer ma leçon de demain.

La bonne villageoise sembla s'éloigner à regret et gagna toute pensive sa demeure.

Le lendemain, M. Bernard réunit en effet ses deux divisions supérieures pour la leçon d'instruction civique. Après avoir constaté avec plaisir que tous les élèves ou presque tous avaient fait les devoirs sur la Famille; après avoir également constaté, par des questions précises, qu'ils comprenaient bien l'importance du sujet qu'il avait traité devant eux, s'adressant à Georges Crétineau, l'un des plus mutins de sa classe, il lui dit :

— Mon petit Georges, aimez-vous à venir à l'école?

Cette question soudaine et imprévue parut dérouter l'écolier; il baissa la tête, rougit, balbutia et finit par répondre d'un air embarrassé :

— Pas beaucoup, monsieur. J'aimerais mieux courir les champs et m'amuser que venir à l'école.

— Pourquoi cela, mon enfant? est-ce que votre école est mal tenue, sombre et désagréable?

— Oh! que nenni...; mais il faut apprendre, toujours apprendre. C'est ennuyeux. Et puis à quoi cela sert-il?

— Oh! oh! vous voilà dans de bien mauvaises dispositions, mon pauvre Georges. Ainsi donc, si j'en juge par ce que vous venez de dire, vous n'aimez pas l'école parce que vous êtes paresseux?

Georges se trouva pris au piège de ses propres paroles. On eût dit qu'une guêpe l'avait piqué. Il ne répliqua rien, baissa de nouveau la tête et rougit de plus belle.

M. Bernard fit semblant de ne pas s'en apercevoir et reprit en ces termes :

— Mes chers amis, nous allons voir si votre camarade a raison de ne pas aimer l'école, et surtout s'il a raison de ne pas aimer à s'instruire. Écoutez-moi avec attention. Il y a déjà longtemps, au commencement de ce siècle, l'aspect matériel d'une école était, je l'avoue, très désagréable à l'œil : c'était le plus souvent une salle étroite, mal aérée, basse, humide, enfumée, quelquefois tombant à moitié en ruines, et presque toujours servant à d'autres fins qu'à l'éducation de la jeunesse. Les oisifs du village s'y établissaient volontiers pour y tenir leurs réunions, en buvant une chope de bière ou de vin ; on y emmagasinait des légumes, des outils de labourage, que sais-je ? Je comprendrais parfaitement que notre ami Georges eût pris en dégoût une pareille classe.

Ici, un des élèves, se levant, dit à M. Bernard :

— M. le maire et le conseil municipal ne s'occupaient donc pas de l'école alors, pour la laisser dans cet état ?

— Peut-être, mon enfant, dans une certaine mesure ; mais il ne faut pas trop accuser nos pères, vous allez voir pourquoi.

Vous vous rappelez ce que je vous ai dit de la ruine ou de la confiscation des maisons d'école au moment de la première Révolution. Comme cela était arrivé pour les églises, le Trésor avait fait main basse sur les unes; des autres on avait fait des mairies; d'autres encore avaient été vendues à des particuliers; de sorte que, dans la plupart des communes de France, il n'existait plus guère d'édifices appropriés à l'enseignement primaire. Les choses en étaient là partout, quand Napoléon Bonaparte essaya, en 1808, de relever l'instruction publique. Il fallut donc trouver des bâtiments plus ou moins convenables, quelquefois même les construire. Cette dernière obligation devenait lourde, dure pour des communes appauvries. Aussi y avisa-t-on comme on put. Ici, un propriétaire du voisinage donna, prêta ou loua une véritable chaumière mal aménagée pour une école; là, on construisait sans ordre ni plan une maison affectée au même usage. Mais tout cela était mal organisé, faute d'une direction générale.

Vous me demanderez : Pourquoi n'y avait-il pas de direction générale? Ah! mes amis, il y avait tant de choses à refaire dans ce temps-là, et les ressources étaient si minimes! D'ailleurs, nos pères eux-mêmes n'étaient guère mieux logés que l'instituteur et les écoliers. Des maisons étroites, basses, malsaines, mal disposées pour recevoir l'air extérieur : telles étaient le plus souvent leurs habitations.

Vous concevez facilement qu'ils ne rêvaient guère à des constructions plus belles, plus espacées, pour leurs enfants. Non, M. le maire ni ses administrés n'y songeaient pas davantage.

De plus, ces écoles, si mal appropriées à leur usage, étaient très rares, très éloignées parfois de la demeure des écoliers. Très souvent aussi plusieurs communes rurales n'avaient qu'une seule école, et, pour s'y rendre, il fallait faire plus d'une lieue tous les matins, par la pluie, par la neige, peu importe. Jugez si ces pauvres petits élèves pouvaient la fréquenter assidûment. Donc, en hiver surtout, ils ne se gênaient pas pour s'absenter.

Il est vrai, mes chers enfants, que les parents ne tenaient guère la main à l'assiduité. C'était à qui emploierait chez lui son fils ou sa fille, tantôt à garder ses vaches ou ses chèvres, ses oies ou ses dindons, tantôt à vaquer aux divers soins du ménage et à préparer les repas. D'inspecteurs, il n'y en avait point alors, et quant à d'autres personnes pour les remplacer, on n'y pensait guère. M. le curé seul s'occupait souvent des enfants et se rendait dans leur classe pour les instruire dans leur religion ; c'était un grand bienfait pour eux et pour le maître lui-même qui se sentait ainsi appuyé, encouragé. Ce rôle du curé était d'ailleurs tout simple, il ne faisait en cela que suivre les prescriptions et les traditions de l'Église, cette vraie fondatrice des écoles populaires au moyen âge.

Mais je vois là-bas dans ce coin Henri Boulanger qui veut me demander quelque chose. Parlez, mon ami, sans crainte.

— Monsieur, dit alors Henri, s'il n'y avait pas d'inspecteurs, il devait y avoir au moins des instituteurs désireux de voir les classes remplies d'écoliers.

— C'est ce qui vous trompe, mon cher Henri, et votre question m'amène à un sujet assez désagréable pour moi. Vous sentez que si les parents tenaient si peu à l'instruction de leurs enfants, l'instituteur, lui, ne se sentant généralement ni soutenu, ni apprécié, étant de plus mal rétribué, finissait par tomber dans une fâcheuse insouciance. Il arrivait aussi que lui-même savait tout au plus lire, tout au plus écrire, tout au plus les quatre premières règles du calcul, et ce minimum de science il l'enseignait vaille que vaille à ses rares élèves. Il n'y avait point encore d'écoles normales dans ce temps-là. Aussi faisait-il quelquefois un autre métier lorsque la classe était finie. Tantôt sabotier, cordonnier, petit tailleur et même cabaretier à ses heures. Il y gagnait quelques écus, mais il y perdait en considération. Ce n'est pas à nous de l'accuser. La bonne volonté ne lui manquait pas peut-être. Ce qui lui faisait défaut, c'étaient de bons maîtres pour le former lui-même à l'enseignement. Les Frères des Écoles chrétiennes jouissaient seuls alors de ce bienfait dans leurs noviciats, où l'on faisait d'excellents hommes d'école. Aussi étaient-ils très recherchés par les communes. Voilà, mon cher Henri, comment les instituteurs de cette époque ne songeaient guère à provoquer l'assiduité de leurs élèves. A tout prendre, le malheur des temps en était la cause. Dieu merci, les choses ont changé depuis lors : voyons comment.

Tenez, Henri, vous allez répondre à mes questions. Nous voici dans notre grande salle de classe ; est-elle bien éclairée ?

Henri. Oh ! oui, monsieur. Nous y voyons très clair, tous tant que nous sommes.

M. Bernard. Et de quel côté vient la lumière ?

Henri. Elle est à notre gauche ; de sorte que notre corps ne fait pas ombre sur nos livres quand nous étudions, ou que nous écrivons.

M. Bernard. Bien, mon enfant ! maintenant, notre salle est-elle haute, aérée ?

Henri. Oui, certainement. Jamais nous n'avons de la peine à respirer, excepté dans les grandes chaleurs de l'été, mais alors il fait chaud partout ; et encore nous avons de grands stores pour nous garantir du soleil.

M. BERNARD. A vous, à présent, Claude Lebrun. De quelle couleur sont les murs?

CLAUDE. Ils sont d'une belle couleur blanche, monsieur, qui se reflète jusque sur notre papier et nous donne ainsi plus de lumière pour écrire.

M. BERNARD. Fort bien, mon ami Claude; vous avez observé minutieusement et je vous exhorte à pousser plus loin cette qualité-là. Oui, regardez toujours avec la plus grande attention ce que vous examinez. Puisque vous avez si bien répondu, dites-moi encore ce que vous voyez suspendu à ces murs?

CLAUDE. Ce n'est pas difficile, ça, monsieur : il y a d'abord au-dessus de votre estrade un crucifix pour rappeler l'idée de Dieu. Il y a ensuite, à droite et à gauche, de belles cartes murales. Ces cartes nous représentent une mappemonde; puis, l'Europe; puis, la France. Plus loin, je vois le tableau noir; des cartes représentant le système métrique; des figures de géométrie; enfin des dessins à main levée, faits par les meilleurs écoliers qui sont venus avant nous.

Ici, l'enfant s'arrêta. Mais le maître reprit aussitôt :

— Ah! ah! mon cher Claude, vous avez oublié quelque chose. Dans ces dessins, il y en a un excellent par votre frère Louis, qui est aujourd'hui un bon charpentier. Et en voici un autre, pas mauvais, ma foi, qui est de vous-même. Imitez votre frère, mon enfant, et vous irez loin.

Le jeune Claude se rassit en rougissant de plaisir, pendant que ses camarades battaient des mains, car il avait un bon caractère, et tous l'aimaient.

Quand le silence se fut rétabli, M. Bernard éleva de nouveau la voix:

— Notre classe est spacieuse, saine, éclairée, propre, bien entretenue. Elle a même une bonne petite bibliothèque à votre usage, don commun de M. le curé et de M. le maire. Nous possédons, de plus, là-bas près de l'entrée, deux belles armoires renfermant nos premiers essais de musée pédagogique. Et nous pouvons en être fiers, puisque nous l'avons fait ensemble. Cela vaut mieux assurément que si nous l'avions acheté, car nous y avons trouvé de l'instruction et de l'amusement dans nos promenades. Eh bien, cette école où vous êtes, à laquelle il faut ajouter notre beau préau couvert, notre cour de récréation garnie d'arbres, notre gymnastique, et enfin mon jardin, à moi, où vous aimez à venir, tout cela ne vaut-il pas mieux que ces vieilles masures d'autrefois, dont nous parlions tout à l'heure, et qui servaient d'écoles?

La réponse ne se fit pas attendre; et, pendant quelques instants, ce fut un véritable brouhaha d'applaudissements. M. Bernard avait l'air enchanté. Les bambins riaient de tout leur cœur. Ce fut une jubilation universelle. Au bout de quelques instants, le maître reprit, la figure tout épanouie :

— Je vous ai fait toucher du doigt, au point de vue matériel, mes enfants, la différence entre l'école d'aujourd'hui et l'école d'autrefois. Souvenez-vous-en; mais surtout aimez à venir à cette chère école construite exprès pour vous, et où vous vous trouvez si bien; car il n'y a pas jusqu'aux bancs et aux tables où vous êtes assis, qui ne soient dix fois plus commodes et surtout plus sains que ceux où s'asseyaient vos devanciers. Maintenant, parlons des instituteurs eux-mêmes, qui ne sont guère moins changés.

Premièrement, ils ont été formés, pour la plupart,

dans des écoles normales ou modèles, où des professeurs instruits leur enseignent, pendant trois ans au moins, tous les secrets qui constituent l'art difficile d'enseigner. Ce n'est qu'après avoir subi des examens très sérieux qu'ils deviennent instituteurs, et qu'on leur confie la tâche de vous élever. Vous le voyez, il n'y avait rien de semblable au commencement de ce siècle. Et c'est à un ministre français, resté célèbre, M. Guizot, qu'on doit ces belles institutions des écoles normales primaires. Ce fut par la loi de 1833 qu'il inaugura, c'est-à-dire commença une véritable révolution dans l'enseignement. Inclinez-vous toujours, mes amis, avec respect devant ce nom, comme devant celui d'un vrai patriote, d'un véritable homme de bien. Sans doute, il laissa encore, après lui, beaucoup à faire, mais le premier pas était franchi.

En même temps, le soin qu'on prenait de former de bons instituteurs éclairait les parents sur la nécessité d'exiger davantage de leurs propres enfants. Bientôt ils sentirent que des connaissances plus étendues en fait de lecture, d'écriture, de géographie, d'histoire nationale, de mathématiques élémentaires, pourraient assurer à leurs fils et à leurs filles des chances plus solides de succès dans les diverses carrières qu'ils embrasseraient. Et voilà comment, de part et d'autre, tout le monde concourut à effectuer dans l'éducation populaire un progrès réel et solide dont vous êtes destinés, mes enfants, à profiter.

Maintenant, mon ami Georges, trouvez-vous qu'il soit sage, de votre part, de manquer l'école et de courir les champs ?

— Monsieur, répondit l'écolier, j'ai tort de faire le

paresseux. Mais pourquoi donc faut-il se donner tant de mal pour étudier?

— Du mal pour étudier, mon bon enfant!... tâchez de vous mettre dans l'esprit ce que je vais vous dire à tous : le travail est une loi providentielle, imposée par Dieu lui-même à chacun sans exception, grands ou petits, riches ou pauvres. Un propriétaire de belles terres, un savant, un magistrat, un député, un ministre, un président de la République ou un roi sur son trône, sont tous soumis au travail, et à un travail souvent plus pénible, plus laborieux que celui du forgeron à son enclume, du menuisier à son établi, ou du laboureur derrière sa charrue.

J'ai dit *pénible*, remarquez-le, parce que depuis la chute du premier homme nous travaillons tous à la sueur de notre front. Mais aussi, pour récompense de notre peine, Dieu a mis dans notre cœur une satisfaction profonde lorsque nous obéissons consciencieusement à la loi du travail. Et vous, mes chers amis, vous goûterez cette joie si, de bonne heure, vous vous habituez à remplir ce devoir. Pour moi, je l'éprouve chaque soir en me couchant. Et Dieu sait pourtant que souvent je succombe de fatigue. Ah! l'ami Georges, vous dites que, pour travailler, il faut se donner de la peine. Oui, mais demandez à votre père, demandez aux parents de vos camarades, s'ils ne se donnent pas beaucoup de peine, beaucoup de mal pour semer, herser, sarcler, recueillir la moisson dans son temps, pour recommencer le même labeur à chaque automne. Demandez-leur encore s'ils ne sont pas contents quand ils vendent leurs produits en échange de beaux écus sonnants; s'ils ne sont pas satisfaits de vous voir, grâce à leurs sacrifices, mieux logés, mieux vêtus, mieux enseignés, par conséquent mieux préparés à affronter les difficultés de la vie ; et surtout, ce qui dépasse tout le reste, s'ils ne se sentent pas heureux, au fond de leur conscience, d'avoir obéi fidèlement à la loi divine du travail?

Allons plus loin : Vous voilà sortis de l'école ; il s'agit, pour vous, d'entrer en apprentissage. Si vous avez une belle écriture, si vous savez bien calculer, si vous avez quelque idée de géométrie, de dessin linéaire, etc. ; si, en outre, vous avez des habitudes d'ordre, de propreté ; si enfin on peut vous classer parmi les jeunes gens rangés et laborieux, soyez-en certains, il vous sera très facile de vous placer chez des patrons honorables, qui ne demanderont pas mieux que de vous prendre sous leur direction. Et, ce que je dis là, je le dis pour tous les patrons : agriculteurs, industriels, négociants, marchands ; il n'y a point d'exceptions à cet égard.

Actuellement quel sera le résultat de vos qualités acquises? D'abord, vous serez bien notés dans l'esprit des braves gens ; puis, vous gagnerez plus d'argent, et c'est quelque chose, car cela vous permettra de vous établir plus tôt pour votre compte et de conquérir à votre tour une place honorable parmi vos concitoyens. Autre considération : grâce à votre ponctualité à remplir la loi du travail, vous arriverez peut-être à entourer vos vieux parents d'une certaine aisance en retour des sacrifices qu'ils auront faits pour vous. Et alors, je vous le demande, quelle joie profonde de sentir que par là vous obéissez mieux au précepte divin d'honorer votre père et votre mère.

Oh! mes chers amis, que je serais heureux, moi aussi, dans ma vieillesse, si l'on venait me dire : « Sa-

» vez-vous, monsieur Bernard, presque tous vos élèves
» ont bien tourné. Être sorti de votre école, c'est déjà
» un bon certificat. Et puis, ce sont de vaillants chré-
» tiens; sur ce chapitre-là ils ne bronchent pas.» Tenez,
je ne demande pas à Dieu une autre récompense.

Ici, l'excellent instituteur se voila un instant les
yeux pour cacher son émotion intime. Puis, il reprit :

— Voilà une bien longue leçon. Que voulez-vous !
quand je me laisse aller à mon désir ardent de faire de
vous de bons chrétiens, d'honnêtes gens, je ne m'arrête
plus et je deviens bavard.

QUESTIONNAIRE. — Quelle était la condition matérielle
écoles en France au commencement de ce siècle? — Pourquo
les écoles étaient-elles alors si mal construites et si mal entre-
tenues? — A qui doit-on la restauration des écoles primaires?
— Quelles étaient les difficultés que rencontraient les enfants
pour se rendre à l'école? — Quelle était la situation de l'instituteur? — Était-il préparé d'avance à remplir ses fonctions? —
A quel ministre français doit-on la création des écoles normales
primaires? — Comment prépare-t-on aujourd'hui l'instituteur à
sa future profession? — Enfin quels sont les principaux changements matériels qu'on a réalisés dans l'école? — Loi du travail : quelle en est l'origine? — Quelles obligations nous im-
pose-t-elle? — Quelles en sont les conséquences au point de vue
matériel, — au point de vue religieux et moral?

Faire faire sur cette leçon un résumé écrit.

II

DIFFÉRENCE ENTRE L'INSTRUCTION ET L'ÉDUCATION

A peu de jours de là, M. Bernard revenait de voir un
confrère, qui habitait un village non loin de Beaumont,
quand, au détour d'un chemin, il fit la rencontre de
Jules Blanchard.

«— Ah! vous voilà, Jules, s'écria-t-il; je suis enchanté de vous trouver sur mon passage. Il paraît que votre mère est contente de vous. Cela me fait plaisir, mon enfant.

— Monsieur, repartit Jules, je vous en remercie bien; car c'est à vous que je le dois. Vous avez une manière de dire les choses qui les fait entrer dans l'esprit; et, pour moi, depuis vos leçons sur la famille et sur nos devoirs envers nos parents, j'y pense souvent.

— Tant mieux, Jules, si je vous ai touché. Il faut y penser toujours; vous en profiterez davantage.

Jules, encouragé par les paroles de son maître, continua sur un ton de confiance :

— Monsieur, je voudrais vous dire une chose qui me tient au cœur et que je ne comprends pas bien. Peut-être, consentirez-vous à me l'expliquer.

— Je ne demande pas mieux, si je puis. Parlez.

— Il y a quelques jours, ma mère était malade d'un refroidissement qu'elle avait gagné en lavant à la rivière. M. le curé l'ayant appris est venu la voir. Moi, j'étais là, et le bon curé, après m'avoir donné une petite tape sur la joue, m'a dit : « Jules, tu es un bon enfant. On me dit que tu commences à travailler. Mais pèse bien mes paroles : l'instruction, c'est beaucoup; l'éducation, c'est encore plus. Tâche de mener les deux de front, et tu auras grande chance de réussir dans la vie et d'arriver au ciel. » Qu'est-ce que cela veut dire, monsieur Bernard? *Éducation et instruction :* ce n'est donc pas la même chose?

— Non, répondit l'instituteur en souriant. L'éducation et l'instruction ne sont pas la même chose, quoique toutes les deux doivent marcher ensemble, côte à côte. Écoutez-moi.

L'autre jour, quand je vous parlais à tous de l'amour, du respect, de la reconnaissance que vous devez à vos parents ; de l'affection que vous devez à vos frères et sœurs ; quand je vous parle encore de l'adoration que vous devez à Dieu et de vos obligations comme catholiques, je fais de l'éducation ; en d'autres termes, je cherche à vous élever, à vous *éduquer*, comme disaient nos aïeux en vieux français. Mon but, c'est de faire éclore dans vos âmes les nobles sentiments ; de cultiver chez vous un certain nombre de vertus qui font la plus belle parure du chrétien et de l'homme, qui l'aident à devenir meilleur. Cet enseignement-là n'a rien de commun avec l'instruction proprement dite, il participe à la fois de la religion et de la morale ; et ce n'est pas trop des deux pour développer le cœur des enfants. Pourquoi ? c'est que, pour acquérir ces vertus, il faut nous donner de la peine. Vous l'avez bien éprouvé, puisque, depuis peu de temps, vous vous en donnez beaucoup, votre mère me l'a dit, pour lui obéir et lui plaire en *tout*. Vous avez vaincu votre légèreté par amour pour Dieu et pour vos parents ; vous avez mis en pratique vos bonnes résolutions, et votre force morale s'en est accrue : n'est-ce pas vrai, mon cher Jules ?

— Oui, monsieur, c'est à peu près cela.

— Sans le savoir, vous travailliez à votre propre éducation. Dieu veuille que vous continuiez de même ! comprenez-vous, maintenant ?

— Très bien, monsieur.

— Poursuivons. Votre esprit n'a eu qu'à suivre votre cœur. Ce n'est pas à votre intelligence qu'on s'adressait directement. Mais, comme vous le voyez, le cœur, l'intelligence accomplissaient la même tâche. Et voilà comment l'éducation et l'instruction marchent la plupart du temps côte à côte, comme je le disais tout à l'heure ; et, de cette façon, l'homme continue lui-même son éducation jusqu'à la fin de la vie.

Ici, M. Bernard s'arrêta pour laisser à Jules le temps de réfléchir.

Le petit garçon avait l'air, en effet, tout absorbé et une certaine expression de surprise, jointe à l'incertitude, se peignait dans ses traits. Ce que voyant, l'instituteur lui demanda :

— Comprenez-vous nettement ce que je viens de dire? si vous avez quelques observations à faire, ne craignez pas de me questionner.

— Oui, je crois comprendre, reprit l'enfant. Toutefois, une chose m'embarrasse : je vois ce que c'est que l'éducation ; mais où s'arrête-t-elle et où commence l'instruction ?

— L'éducation, mon enfant, regarde toujours le cœur, c'est un appel au cœur, pour acquérir des vertus ou pour éviter des défauts. L'instruction s'adresse à l'intelligence pour l'éclairer et la guider.

Lorsque, dans la classe, je vous fais à tous une leçon d'arithmétique, de géométrie, ou encore une leçon de choses, de géographie, je m'adresse uniquement à votre intelligence, je cherche à développer vos idées et vos connaissances. Partout et toujours, je m'attache autant que possible à éveiller chez vous l'esprit d'observation. Par là, je vous fournis peu à peu et jour par jour de puissants moyens pour réussir dans la suite de votre vie, lorsque vous serez devenus des hommes. Mais remarquez-le, je me suis servi du mot *moyen*, parce que, au fond, chaque branche d'instruction qu'on approfondit et qu'on acquiert n'est qu'un moyen dont nous pouvons nous servir pour étendre le cercle de notre activité et développer les forces de notre esprit. Entre deux ouvriers qui auront, l'un profité de l'enseignement à l'école, l'autre négligé d'en recueillir les fruits, il y a souvent toute la différence qui se trouve entre une charrue mue par la vapeur et la simple bêche dont on se servait avant l'invention de la charrue. Aussi pourrais-je comparer avec raison les connaissances diverses à des outils que chacun s'est procuré d'avance pour lutter contre les difficultés de l'existence. Plus ces outils sont d'une trempe fine et perfectionnée, plus ils donnent de puissance à celui qui s'en sert; et de même, si ces outils sont grossiers, mal confectionnés, évidemment l'ouvrier, que ce soit par sa faute ou non, n'en pourra tirer qu'un fort mauvais parti. Ici donc, à première vue, l'esprit seul est en jeu; l'intelligence seule agit, fonctionne, produit des résultats, et l'on peut dire que notre être moral n'intervient pas. Mais ce n'est qu'une apparence, car chez l'homme, comme chez l'enfant, l'âme, le cœur, l'intelligence, tout fonctionne à la fois; tout se confond dans la pratique, pour constituer une magnifique unité qui descend de Dieu et par conséquent relève de Dieu lui-même. Je vous le prouve à l'instant. Voici un écolier, parmi mes élèves, si vous voulez, qui a des facultés intellectuelles remarquables; il apprend tout ce qu'il veut, comme on dit communément, et il a grande chance d'arriver à la fin de ses années d'école avec une somme de savoir beaucoup plus étendue qu'aucun de ses camarades. Mais cet enfant emploiera mal tous les dons qu'il a reçus, tous les outils qu'il s'est préparés, et le voilà qui devient, grâce même à ces outils perfectionnés, un habile fripon, un homme redoutable pour la famille, pour la société, et bientôt peut-être il sera mis au ban de tous les honnêtes gens. Un tel homme ne sera-t-il pas d'autant plus à craindre qu'il saura davantage? Il n'est donc pas vrai que l'instruction a par elle-même le don de moraliser, de perfectionner l'homme, non! elle lui donne uniquement la faculté de voir plus clair et mieux et de choisir sa voie avec une plus entière connaissance de cause.

Et maintenant, mon cher enfant, vous devez comprendre combien il est indispensable que la religion et la morale s'unissent sans cesse à l'instruction afin de nous apprendre à faire un bon usage de nos outils. Par-dessus tout, gardez-vous bien, quand vous serez devenu citoyen, d'écouter les charlatans, qui vous diront sans cesse : L'instruction mène à tout, l'instruction sert à tout, l'instruction dispense de tout.

Ces gens-là cherchent à faire des dupes, pour servir leurs propres fins.

QUESTIONNAIRE. — En quoi diffère l'éducation de l'instruction? — Où s'arrête l'une, où commence l'autre? — Ne peut-on pas comparer l'enfant qui travaille à un honnête ouvrier qui possède de bons outils, et l'écolier paresseux à un maladroit qui n'a que des instruments grossiers ? — L'instruction accompagne-t-elle toujours la vertu, et n'est-il pas nécessaire que la religion et la morale se joignent à elle pour former des citoyens également honnêtes et éclairés?

III

CE QU'ON DOIT A L'INSTITUTEUR

C'était un jeudi matin, et les enfants attendaient l'arrivée de M. le curé pour leur donner l'instruction religieuse. En ce temps-là on n'avait pas encore mis Dieu hors la loi et l'école. M. Meynel était déjà âgé et remplissait depuis trente ans ses fonctions sacerdotales. Presque toute la population de la petite ville lui était profondément attachée, et quand il longeait la rue, son bréviaire sous le bras, chacun de s'incliner sur son passage par respect sans doute, mais plus encore par affection. C'est que M. l'abbé Meynel était un curé entre tous : à son arrivée dans sa paroisse, située au pied des Ardennes, il avait pris pour devise ces paroles : *pas de dettes, mais pas d'économies*. Cette devise, il l'avait pratiquée à la lettre, et s'il ne devait rien à personne, très certainement il n'avait non plus rien mis de côté pendant sa vie déjà longue ; il avait tout donné aux malheureux. Aussi honni eût été celui qui aurait osé lui manquer.

A peine fut-il entré dans la cour de récréation qu'il se vit entouré de toute cette ruche d'abeilles bourdonnant autour de lui et cherchant à attirer ses regards ; car si les parents aimaient M. Meynel, leurs enfants rivalisaient avec eux d'attachement pour lui. Il avait toujours de si belles histoires à raconter ! Ce qui les intriguait fort en ce moment, c'est que le bon curé était venu plus tôt que de coutume. Pourquoi ? chacun se le demandait, sans pouvoir deviner. Leur doute fut bientôt éclairci : M. Meynel s'en fut droit à la chaire de l'instituteur qui ne se trouvait pas, chose inouïe, ce jour-là à l'école, et commença en ces termes :

— Mes amis, je lis sur toutes vos figures la surprise de me voir de si bonne heure ce matin et de ne pas rencontrer M. Bernard. Mais votre étonnement sera bien plus grand lorsque vous saurez que je vais vous donner aujourd'hui une leçon d'instruction civique à sa place. Et voici pourquoi : votre excellent maître voulait vous parler de vos devoirs envers l'instituteur. Tout d'un coup il s'est dit : Si je vais leur parler de ces devoirs, ils pourront s'imaginer que je veux faire mon éloge, quand je leur montrerai les qualités du véritable instituteur. Certes, je n'ai nulle envie, moi, de provoquer leurs applaudissements; mais enfin je ne veux même pas en avoir l'air, l'apparence. Ma foi, si j'allais demander à M. le curé de me remplacer pour aujourd'hui. Il en sait autant que moi là-dessus. C'est une bonne idée; je cours chez lui. Aussitôt dit, aussitôt fait : je vois arriver M. Bernard, qui me prie, me supplie; je me laisse persuader, et voilà pourquoi je suis dans cette chaire, chargé de vous faire une leçon sur vos devoirs envers l'instituteur. Une fois ne fait pas coutume.

Maintenant à la question. Qu'est-ce que l'instituteur? C'est celui qui remplace vos parents dans la direction de votre éducation. Comment le feraient-ils, eux, quand ils sont aux champs ou bien dans leur atelier? Donc il les remplace, et Dieu sait qu'il le fait de toute son âme : c'est pourquoi vous lui devez obéissance, reconnaissance et affection.

Ce que je dis là s'applique à tous les instituteurs; mais, certes, bien plus encore au vôtre; car enfin depuis dix ans déjà que je le connais, je ne l'ai jamais vu manquer un seul instant à ses devoirs envers vous. C'est ce qui m'a fortement attaché à lui, et pourquoi, comme on dit, nous marchons la main dans la main.

Toute autorité vient de Dieu, dit l'Écriture : jugez donc si vous devez obéir à la sienne, si douce et si paternelle. Pourtant, que de soucis vous donnez souvent à votre bon maître, par vos étourderies, votre paresse, quelquefois même par des fautes plus graves! Ah! si vous saviez quel chagrin il éprouve quand il vient me raconter ses craintes et ses tristesses sur tel ou tel d'entre vous! Dans ces moments, je ne puis m'empêcher de m'écrier, à part moi : Quel cœur, quelle âme il a, cet homme-là! Et vous n'auriez pas pour lui de la reconnaissance? Vous l'affligeriez sciemment par votre mauvaise volonté, par votre grossièreté, par votre paresse encroûtée? Allons donc! je ne puis le croire : l'obéissance, le respect, la reconnaissance, c'est le moins qu'il mérite de vous, ce cher M. Bernard. Mais il y a encore autre chose. Avez-vous songé à ce qu'il fait, quand vous quittez l'école, le soir, pour aller prendre vos ébats? Au lieu de se reposer, il se met à l'étude pour préparer ses leçons du lendemain. Lorsqu'on use les forces de sa vie pour les autres, on a des titres, vous l'avouerez, à leur affection sincère et profonde. Aimez-le donc; aimez-le de tout votre cœur, aimez-le, non seulement ici à l'école, mais plus tard, quand il l'aura quittée, et jusque dans la mort, en priant pour lui en souvenir des services qu'il vous a rendus.

Maintenant, comment pourrez-vous montrer sans phrases, sans protestations, sans caresses inutiles, votre reconnaissance envers votre instituteur? Vous le pourrez en vous efforçant par votre application, par votre silence, par votre obéissance, de lui épargner l'excès de fatigue que lui causent votre paresse et votre inattention. Dites-vous en vous-mêmes : Je veux mieux travailler désormais pour reconnaître les soins de mon excellent maître; j'obéirai sans murmure à tout ce qu'il m'ordonnera; je serai assidu à l'école; chez moi, je préparerai régulièrement mes devoirs du lendemain; en classe, je ferai tout le possible pour être attentif, suivant ainsi la voie qui fait les bons citoyens. Ce que vous ferez là, mes amis, ce sera de la reconnaissance pratique et de la meilleure. Moi, votre vieux curé, qui vous connais tous par cœur, je vous le dis sincèrement, et soyez sûrs que je ne me trompe pas.

Voilà ma leçon sur vos devoirs envers l'instituteur. Tâchez, mes enfants, de les remplir dans toute leur étendue, et soyez sûrs que le bon Dieu vous bénira.

A peine descendu de l'estrade, l'abbé Meynel fut entouré de nouveau par tout ce petit monde, et il put lire sur plus d'un visage l'impression qu'il avait faite. L'instituteur lui-même ne tarda pas à s'en apercevoir, et en remercia vivement son vieil ami.

QUESTIONNAIRE. — Quel est le rôle de l'instituteur par rapport aux parents, et vis-à-vis des enfants? — Pourquoi doit-on obéir à son autorité? Parce qu'il tient la place des parents. — Quels sentiments les écoliers doivent-ils à leur instituteur et quelle est pour eux la meilleure manière de lui témoigner leur reconnaissance?

Faire faire aux élèves une rédaction sur ce sujet.

IV

LES CAMARADES

— Mon cher Jules, dit M. Bernard en montant à son fauteuil, pourriez-vous me dire ce que c'est qu'un camarade?

Jules Blanchard, pris à l'improviste, hésita quelques instants, puis finit par s'écrier : — Un camarade, un camarade, c'est un copain.

M. Bernard partit aussitôt d'un éclat de rire, qui fut répété dans toute la salle.

— Ah! ah! reprit le maître, un camarade, c'est un copain. Dites-moi donc ce que c'est qu'un copain.

Cette fois Jules n'hésita plus : — Un copain, c'est un camarade qu'on aime plus que tous les autres, avec lequel on joue toujours, à qui l'on prête, sans marchander, ses billes, sa balle, son cerceau, tout ce qu'on a enfin; avec qui l'on fait ses devoirs. (Ici encore un éclat de rire qui fit rougir Jules.) C'est un ami, monsieur, à qui l'on n'a rien à refuser, et qui, au besoin, vous défend contre les autres, à charge de revanche.

— Mais alors, observa M. Bernard, un copain n'est pas du tout un camarade ordinaire : c'est un ami de cœur, c'est presque un frère, et souvent, dans la suite de la vie, deux copains, comme vous les appelez, doivent rester unis aussi étroitement, quelquefois même plus étroitement, que s'ils étaient nés du même père et de la même mère. Mais dites-moi, ami Jules, est-ce que chacun ici a son copain?

— Ah! non, fit Jules, mais parmi les camarades il y

en a beaucoup qui en ont un, et j'ai souvent remarqué, moi, que ceux-là ne sont pas les plus mauvais écoliers.

— Mon cher enfant, reprit M. Bernard, je ne vous fais pas certainement un reproche d'avoir un camarade que vous aimez plus que les autres; l'influence réciproque de deux élèves ainsi liés est parfois fort heureuse. Quand l'un est tenté d'être paresseux, l'autre le pousse au travail par son exemple et ses conseils. Quand l'un est colère, emporté, l'autre peut le retenir et le porter à la douceur, à l'obligeance. Ainsi donc, ces rapports intimes ont du bon. Je n'en excepte qu'un seul point : c'est celui où, dites-vous, on peut faire ses devoirs ensemble. Cela c'est mauvais. Quel avantage l'un ou l'autre copain peut-il retirer de copier le devoir de son camarade? De la part du copiste, il y a sottise, puisque son devoir ne lui a coûté aucun effort d'intelligence. De plus, il y a tromperie, ce qui est toujours une mauvaise action. Puis, c'est une tromperie inutile pour celui qui l'a faite, car moi qui lis et corrige vos devoirs, je m'aperçois bien vite de la supercherie. Ah! si vous me disiez qu'un copain peut donner un bon conseil lorsqu'on est embarrassé pour un devoir, c'est autre chose; cette manière de s'aider, loin de la désapprouver, je l'approuve. Mais, encore une fois, un copain n'est pas un camarade ordinaire, dans le sens commun du mot.

La Fontaine a dit quelque part : « Un frère est un ami donné par la nature. » A mon sens, les élèves de mon école devraient tous se regarder presque comme des frères. Cela n'empêche en rien les amitiés plus intimes. Dans une famille, on aime tel frère plus chaudement que tel autre. Pourquoi cela? c'est que, de part et d'autre, deux frères du même âge à peu près cherchent les mêmes jeux, ont les mêmes goûts, sont occupés des mêmes études, ressentent parfois les mêmes ennuis, reçoivent les mêmes récompenses ou subissent les mêmes punitions : autant de choses qui les rapprochent forcément et les font vivre, pourrait-on dire, de la même vie. Aussi, cette intimité fraternelle est-elle salutaire : on se soutient mutuellement; on se réjouit du bonheur de l'un; on compatit au malheur de l'autre; enfin, on prie le même Dieu pour en obtenir la force et la lumière dont on a besoin. Mes amis, je vous souhaite à tous d'avoir un camarade de ce genre.

Mais, en fait, on ne peut aimer tous ses camarades de cette façon-là. Sans parler de la différence des caractères, les intelligences varient aussi, et souvent enfin nous sommes séparés de nos meilleurs amis par des distances énormes. Ici, dans cette école, vous êtes tous réunis pendant plusieurs années; vos occupations sont identiques; vous sentez que, moi, je vous aime un peu comme un père, que je m'occupe également de vous tous pour vous être utile, pour faire de vous de bons chrétiens, de bons citoyens, de bons Français. Cette situation-là doit donc vous rendre d'autant plus serviables, d'autant plus obligeants dans vos rapports mutuels.

Mais, me direz-vous, un camarade est acariâtre, désagréable, brusque, cherche à dominer les autres. Soit : montrez-vous obligeants envers lui; venez-lui en aide, si vous le pouvez; il y a tout à parier que vous lui gagnerez le cœur et que vous vous en ferez un ami. Essayez de mon système et vous verrez. Mais, me direz-vous encore, tel camarade profite de sa force pour tyranniser de plus faibles que lui, quelquefois même il va jusqu'à les maltraiter. C'est vrai, hélas! il y a partout de ces caractères-là. Mais alors, si ce camarade est incorrigible, entendez-vous les uns les autres pour défendre les faibles contre ce petit tyran, et vous en aurez bientôt raison. Ces enfants terribles sont généralement plus lâches qu'on ne le croit, quand ils ont eux-mêmes affaire à de plus forts qu'eux.

Je ne veux pas prévoir de si vilaines choses. Ce que j'aime beaucoup mieux apercevoir dans l'avenir, c'est que vous, disciples du même Dieu, enfants de la même ville, élevés par le même maître, vous apporterez ici des sentiments de bienveillance qui se retrouveront plus tard, si vous vous rencontrez sur les diverses routes où vous appelleront vos professions. Tenez, je voudrais qu'alors, en reconnaissant soudain un de vos anciens camarades, vous vous écriiez : « Voilà Jacques, Paul ou Pierre, mon camarade au temps où nous allions à l'école de M. Bernard! Ah! quel bonheur! viens chez nous, nous parlerons de notre bon temps d'autrefois! »

Un mot encore avant de nous séparer. Je vous ai dit de vous montrer toujours obligeants, serviables envers vos camarades. Mais, songez-y bien, si jamais l'un d'eux vous propose de violer un devoir, de manquer à la règle, de commettre une mauvaise action, votre devoir à vous, c'est de refuser net, et, par votre fermeté, de ramener au bon sens, à la raison, cet égaré.

QUESTIONNAIRE. — Qu'est-ce qu'un copain? — Quelle différence y a-t-il entre un copain et un camarade? — Comment naissent à l'école les amitiés intimes? — Quel est le véritable esprit de camaraderie? — Comment se forme-t-il, comment devient-il utile à l'école, dans la vie ensuite? — Est-il permis de manquer à un devoir moral ou religieux pour plaire à un camarade?

TROISIÈME PARTIE

SOCIÉTÉ ET PATRIE

Les leçons de M. Bernard sur l'École avaient fait impression sur ses élèves. Ceux de la division supérieure surtout se distinguaient par leur bonne volonté, par leur exactitude à remplir leurs devoirs. Ainsi le branle était donné. Le bon maître jouissait tacitement de ce résultat, mais il fit semblant de ne point le remarquer, se promettant d'en tirer parti au profit de sa classe. M. Bernard était un véritable éducateur, se regardant toujours comme le père de ses élèves, et dès lors songeant beaucoup plus à leurs progrès religieux, moraux et intellectuels qu'à son propre intérêt. Les aînés de cette famille scolaire s'en apercevaient bien et en ressentaient une grande reconnaissance. A la vue de ses efforts constants, les meilleurs d'entre eux éprouvaient une généreuse ardeur pour répondre à sa sollicitude : aussi, l'esprit de l'école gagnait-il de jour en jour.

Parmi ces meilleurs, Nicolas Blandin, nous l'avons vu, d'un caractère réfléchi, parlait peu, mais en revanche avait l'air de penser beaucoup. Du reste, bon camarade et excellent travailleur.

Nicolas Blandin, grâce à la ténacité de son caractère, avait toujours quelques objections ou questions à poser au maître; ce qui parfois gênait celui-ci dans son enseignement, mais, le plus souvent, lui fournissait l'occasion de nouvelles explications dont profitait la classe entière.

Or notre ami Nicolas demeurait en dehors de la petite ville, dans la ferme de son père. Il avait donc tous les jours à parcourir la grande rue qui aboutissait à la place de l'Église, où se trouvaient également vis-à-vis l'une de l'autre l'école et la mairie. Les rues adjacentes convergeaient, elles aussi, vers la place de l'Église. Enfin, là-haut, bien haut, sur une colline abrupte, on voyait les ruines d'un vieux monastère, qu'entouraient encore un certain nombre d'habitations.

Plus d'une fois, Blandin, en se rendant à l'école, avait remarqué ces dispositions générales de Beaumont. Il s'était demandé pourquoi les habitants s'étaient ainsi groupés dans une même direction, au lieu de rester chacun à part dans les champs, comme avait fait son propre père dans sa ferme.

Autre question de notre écolier : Beaucoup de ces maisons, plus ou moins villageoises, portaient une enseigne indiquant le métier que pratiquait l'occupant. Pourquoi toutes ces enseignes? pourquoi tous ces métiers? Nicolas Blandin se creusait la tête pour y répondre. Jusque-là, il n'en avait pas trouvé le secret. Il s'adressa à M. Bernard et, dans ce but, il se rendit un jour à l'école un peu plus tôt qu'à l'ordinaire.

L'instituteur sourit en écoutant son élève, et le remercia, selon sa coutume, de lui avoir fourni un excellent sujet d'instruction civique : — Encore quelques instants, ajouta-t-il, et j'espère vous répondre d'une façon satisfaisante.

Une fois dans sa chaire il débuta en ces termes : — Vous me demandez, Blandin, pourquoi, dans notre bourg de Beaumont, presque toutes les rues aboutissent à la place de l'Église, où se trouvent aujourd'hui notre école et notre mairie. Au moyen âge, que nous avons un peu étudié ensemble, il régnait une grande foi religieuse, et les populations se plaisaient à se grouper autour du sanctuaire, se croyant par là plus près de Dieu. Voilà une première raison. En voici une seconde : Dans les siècles féodaux où trop fréquemment les barons et les seigneurs se permettaient des violences coupables contre leurs vassaux, les paysans cherchaient à se mettre sous la protection de l'Église, dont le régime était en général beaucoup plus doux et plus conforme au véritable esprit de l'Évangile. Vassaux de l'Église, les paysans étaient moins foulés ; souvent encore ils obtenaient, soit du monastère voisin, soit du curé paroissial, des lots de terre pour lesquels ils ne payaient en retour que de faibles redevances annuelles. Il y avait donc là pour ces pauvres gens un grand avantage, et fort naturellement ils recherchaient le voisinage de l'édifice qui leur semblait le symbole de cette protection toute maternelle. Voyez vous-mêmes, comme près du monastère ruiné les chaumières sont serrées, précisément à l'endroit où vous allez prendre vos ébats et qui domine notre ville de Beaumont.

A cette époque, et à chaque époque du monde, il s'est formé comme des sociétés de secours mutuels, dont les membres s'aidaient les uns les autres. En effet, remarquez bien ceci : toute société ou tout régime social débute de cette façon : des faibles et des ignorants, des sauvages ou des demi-sauvages implorent l'appui d'un plus fort et d'un plus habile pour les protéger et les défendre. Mais, dès qu'une petite société s'est formée, il s'y établit un échange de services. Dans le cas actuel, le chef ou les chefs protègent les paysans ou les faibles contre les attaques d'un voisin plus fort. Et, à leur tour, les paysans ainsi protégés rendent au seigneur, au chef, le service de marcher, au besoin, contre ses ennemis.

Mais, est-ce que dans ces nouvelles sociétés on ne se rend que des services de défense mutuelle ? Certainement non. Les services les plus importants, les plus fréquents, sont d'un autre genre. Je reviens à notre bourg. Mon cher Blandin, vous avez été étonné de ces nombreuses enseignes qui décorent plus ou moins nos boutiques. Ici, c'est un tailleur, un épicier, un chaudronnier ; là, un boulanger, un charbonnier, un pharmacien, un boucher, que sais-je encore ? Eh bien, supposons que chacun d'eux vienne vous dire : Je ne vous ferai plus de souliers ; je ne vous fournirai plus de sucre, de café ; je ne cuirai plus de pain pour vous ; je ne vous vendrai plus de viande, et moi, le pharmacien, j'en ai assez, et si vous êtes malade, ma foi, vous irez chercher des remèdes ailleurs. Où en seriez-vous, Nicolas ? où en serions-nous tous ? Aucun de nous ne sait fabriquer les divers objets que vous fournissent ces marchands, et nous serions fort attrapés si, demain, ils refusaient en masse de les confectionner pour nous : ils nous rendent donc des services, des services très réels.

— Oui, monsieur, c'est vrai ce que vous dites là, fit

Nicolas Blandin ; mais nous les payons pour ces services.

— Oui, nous les payons, et ce n'est que justice ; car enfin ils dépensent leur temps pour nous procurer ce dont nous avons besoin. Cette dépense de temps vaut quelque chose. Et nous qui les payons, nous leur rendons également service en les mettant à même de soutenir leur famille, d'entretenir leur commerce, ou d'exercer leur profession. Chaque homme n'a guère qu'un métier, et c'est vraiment assez quand il s'en acquitte bien. Ainsi, mon cher Nicolas, pour prendre exemple de votre père, excellent laboureur : il échange ses récoltes ou ses services contre ceux de ses voisins ou de sa clientèle, soit en leur livrant ses blés, soit en payant en argent ce qu'il leur achète lui-même.

Vous le voyez donc, une société vit d'échanges mutuels, matériels ou moraux et intellectuels. Ces derniers ne sont assurément pas les moins importants. Une nation ne peut vivre, sous peine de rester à l'état sauvage, si elle ne suit les grandes voies de la religion et de la morale. C'est à ces deux sources divines que les hommes puisent les lois et les règlements qui doivent les gouverner. Or, quels sont les représentants de ces deux forces sociales ? ce sont les autorités religieuses et civiles. Ainsi prêtres, fonctionnaires publics, magistrats, préfets et autres rendent des services, et quels services ! en expliquant la loi de Dieu, en protégeant les honnêtes gens et les intérêts individuels. Nous devons les respecter à ce double titre.

J'en dis autant des professeurs et instituteurs, car les professeurs et les instituteurs sont autant de groupes divers dont la mission est d'échanger des services. Ne l'oubliez jamais.

Je remercie Nicolas Blandin de m'avoir fourni, sans le prévoir, le sujet de cette leçon. Maintenant tâchez, pour la prochaine fois, de me faire, sur ce que je viens de vous dire, une rédaction soignée.

QUESTIONNAIRE. — Pourquoi dans la plupart des villes et des villages, les maisons sont-elles groupées autour de l'église? — Quels sont les mœurs et les rapports des hommes entre eux, à l'origine des sociétés? — Au début, le lien qui unit les hommes est un intérêt de défense mutuelle; mais ne s'établit-il pas bientôt des rapports commerciaux, agricoles, etc., qui sont de véritables échanges de services et forment le point de départ de la civilisation?

I

L'ÉCOLE, IMAGE DE LA SOCIÉTÉ

Vous savez maintenant ce qu'est la grande société et comment elle s'élève partout. La forme du gouvernement ne fait absolument rien à l'affaire. Que ce soit Monarchie ou République, peu importe. Au fond, toute société a les mêmes caractères et les mêmes besoins. Elle ne vit que par la religion, la morale et la justice. Hors de là point de sécurité, point de durée.

Mais vous ne vous doutez pas peut-être, mes chers amis, qu'ici, dans cette école, vous êtes vous-mêmes une image de la société.

Cela vous étonne : je le lis dans vos yeux. Je m'explique.

Pourquoi êtes-vous réunis ici? Évidemment, pour atteindre le même but : pour recevoir une bonne éducation et une bonne instruction. Dans la société, je vous l'ai montré, il y a beaucoup de buts différents, tandis que vous n'en avez ici qu'un seul; mais dans ce petit monde que vous formez il y a déjà des classifications; il y a nos trois divisions séparées : supérieure, moyenne et élémentaire. Cette classification ne vous donne assurément aucun privilège, aucun droit, si ce n'est celui de recevoir un enseignement proportionnel à vos besoins et qu'il est de mon devoir de vous prodiguer.

Voilà déjà, parmi vous, des distinctions que nous pourrions appeler *sociales*.

Mais il y en a d'autres qui vous montrent, mes chers écoliers, que vous êtes vraiment la société en germe. Vous échangez entre vous des services : l'un de vous a-t-il oublié chez lui un livre, vite il s'adresse à son voisin, et le voisin s'empresse de le lui passer, ne fût-ce que pour ne pas être regardé comme un mauvais camarade. Il en est de même du reste.

Voilà Jules Blanchard que j'ai vu, l'autre jour, s'acheminant vers l'école, le nez en l'air, regardant autour de lui, en franc étourdi qu'il est. Tout à coup, au détour du chemin, il voit le petit Lubin traînant la jambe d'un air piteux et fatigué, comme s'il ne pouvait mettre un pied devant l'autre. Que fait Jules? Il court vers Lubin, le prend dans ses bras, le hisse sur ses épaules, et le bambin, qui a enfourché le cou de son camarade, oublie en un instant sa fatigue, se met à rire à gorge déployée et à chanter à tue-tête. Jules Blanchard a rendu ici un vrai service. Je pourrais aller loin dans cette énumération d'échanges. S'agit-il de mauvaises plumes, un camarade vous en fournit une neuve. C'est bien autre chose quand un accident est arrivé à l'un de vous. Oh! alors, tout le monde est debout pour voler à son secours, pour le porter ou le reconduire chez lui. Ce sont là des services matériels; mais vous vous en rendez d'autres plus élevés, d'un caractère religieux, moral ou intellectuel. Dimanche dernier, nous étions ensemble à l'église. Je dois vous rendre cette justice qu'en général vous vous y tenez bien. Mais enfin, là comme ailleurs, l'étourderie se retrouve quelquefois. Un d'entre vous que je ne veux pas nommer, oubliant le lieu où il était, ballottait ses jambes de ci, de là, se dandinait à droite et à gauche, faisait pour se distraire des grimaces qui amusaient ses voisins. Parmi ces derniers, il y en avait un qui désapprouvait la chose; sans bruit, il fit comprendre au petit étourdi l'inconvenance de sa tenue. Celui-ci reprit une attitude convenable, reconnaissant ainsi qu'il venait de recevoir un service moral.

Encore des services que vous vous rendez, et souvent sans le savoir. S'agit-il de dessin, d'arithmétique, de géométrie, de langue française, de tout ce que vous apprenez enfin, celui qui s'est appliqué à bien faire et qui acquiert par là une connaissance plus réelle, plus profonde de telle ou telle branche d'instruction, rend souvent service à ceux qui l'écoutent. Et j'en dis autant des exemples de bonne conduite que vous pouvez vous donner et que vous vous donnez réellement les uns aux autres. Tel d'entre vous qui prête peu d'attention à mes conseils est étonné de voir un de ses camarades les suivre à la lettre, et il s'empresse de l'imiter : encore un service rendu et reçu. Je n'en finirais pas sur ce sujet. Du reste, si vous voulez vous-mêmes y réfléchir, vous en découvrirez beaucoup d'autres, et, j'en suis sûr, vous en accroîtrez le nombre. De cette manière, non seulement vous accomplirez le but pour lequel vous êtes ici, mais vous vous préparerez à vivre dans cette grande société dont je vous ai parlé la dernière fois, et à lui rendre autant de services que vous pourrez.

Ainsi, dans votre école vous retrouvez l'image de la société, aussi bien que dans la famille, avec un caractère différent sans doute, mais non moins fidèle.

QUESTIONNAIRE. — L'école est une image de la société; comment? — N'y a-t-il pas dans le petit monde de l'école des classifications et un échange continuel de services comme dans la société? — Citez-en des exemples.

Faire de ce chapitre un sujet de rédaction, comme intéressant plus particulièrement les élèves.

II

LES AVANTAGES DE LA SOCIÉTÉ

Mes amis, dans notre avant-dernière réunion, j'ai été amené par Nicolas Blandin à vous dire comment il se faisait que, dans les bourgs, j'ajoute même que dans les grandes villes, la plupart des rues aboutissaient à l'église. Mais je n'ai fait qu'effleurer ce sujet et vous serez peut-être bien aises d'apprendre comment se forme une société et quels avantages elle retire de cette formation. C'est une curieuse histoire qui se retrouve partout.

D'abord, vous vous le rappelez, l'homme est fait pour vivre en société, absolument comme le poisson dans l'eau.

Vivre en société est tellement dans sa nature qu'il

s'y trouve forcément placé dès sa naissance, puisqu'il fait partie de la famille. La première société existante est donc une famille, et, cette première famille, en se multipliant, en forme d'autres. Voilà une petite société créée et pouvant suffire à son existence par le travail. Ordinairement ce groupe, dont les membres sont tous unis par des liens de parenté, se soutient, se défend soit contre les bêtes fauves, soit contre de petites sociétés rivales qui cherchent à lui faire la guerre.

Mais, me demanderez-vous, comment ces braves gens s'y prennent-ils pour subvenir à leur subsistance? Ils n'ont parmi eux ni boulanger, ni cordonnier, ni épicier, ni boucher, ni laboureur, ni tous ces métiers qui naissent d'une société organisée? Eh bien, voici, en général, comment les choses se passent : presque partout ces tribus ou groupes de familles s'établissent dans des pays riches en pâturages, et leur premier soin est de s'entourer de nombreux troupeaux. Le laitage fait le fond de leur nourriture. Leurs troupeaux fournissent aussi la viande, puis des vêtements grossiers faits avec des peaux de moutons, de chèvres et d'autres animaux. Vient ensuite la ressource de la chasse, et dans les régions à peu près désertes il est très facile de se procurer du gibier. Quant aux habitations, ce n'est pas plus difficile : avec les peaux de bœufs ou de chameaux, ils se construisent des tentes qu'ils peuvent enlever à volonté et transporter sur des charrettes grossières, quand ils vont chercher ailleurs de nouveaux pâturages. Il existe encore des sociétés de ce genre dans les montagnes de l'Oural, ou sur les plateaux de la haute Asie. On appelle les peuplades ainsi formées des tribus pastorales et nomades ou errantes, et l'homme commence presque invariablement sa vie sociale par ce mode d'existence.

Comme vous le voyez, les bienfaits ou avantages de la société se font déjà sentir à ces commencements de nations, comme chez des peuples plus civilisés. Nos aïeux, les Francs et les autres tribus germaines, n'ont pas eu d'autre origine.

Mais on ne reste pas indéfiniment dans cet état. Les groupes de familles, en se multipliant, deviennent le noyau d'une nation puissante, et leur premier pas, pour le devenir, est de cultiver la terre. L'homme qui cultive la terre s'y attache, en fait sa chose, n'émigre plus avec ses troupeaux, et ne change pas à chaque instant de demeure. Aussi l'agriculture est-elle regardée comme la première étape sérieuse vers la civilisation. Toutes les grandes nations de l'antiquité et du monde moderne ont débuté par la vie agricole. Comment cela se fait-il?

Un certain nombre de familles sont d'abord attirées par le voisinage d'un ruisseau, d'une rivière, qui leur procure la facilité d'abreuver leurs troupeaux, de se livrer à la pêche; très souvent aussi par la qualité des terres ou par une grande forêt où tout le monde chassera à son aise. Ces avantages et d'autres encore fixent nos demi-sauvages dans ces lieux, et bientôt la contrée environnante se peuple de gens pressés de jouir des mêmes bienfaits. Peu à peu ces pauvres habitations, contiguës ou séparées, s'aligneront le long du ruisseau et formeront un hameau; puis, grâce à une situation favorable, un bourg comme notre Beaumont, puis enfin, une ville.

Paris, la grande capitale de la France, n'a guère eu d'autre berceau. Et si je voulais en citer quelques exemples, je n'aurais que l'embarras du choix.

Ces groupes de familles, qui ont passé à la vie agricole, sont souvent exposés à des attaques de la part des tribus sauvages qui occupent encore les plaines ou les forêts voisines. Il faut donc se défendre, et, pour se défendre, je vous l'ai dit, il faut un chef un peu plus fort que soi. Ce plus fort, qui s'est peut-être battu pour son compte, se rencontre toujours à point nommé. Mais, très souvent, il opprime ceux qui l'ont proclamé sous condition d'obtenir sa protection. Dans l'antiquité, rien de plus commun, et alors arrivait l'esclavage avec le cortège de tous ses maux.

Au commencement du moyen âge, les tribus germaines en firent à peu près autant, mais en établissant le servage au lieu de l'esclavage, ce qui était déjà un pas vers la liberté.

Les tribus germaines ayant été successivement converties au christianisme, il en résulta que les serfs furent regardés comme égaux au seigneur devant Dieu, et furent ainsi mieux traités. Ils avaient même des droits. Comme je vous l'ai dit l'autre jour, ils étaient placés sous la protection spéciale de l'Église, et, aux grandes fêtes religieuses, les riches et les puissants en affranchissaient un certain nombre pour expier leurs péchés. Et voilà pourquoi les petits cherchaient la protection du prêtre, comme le représentant de la seule force morale qui existât alors. De là naquit, chez les Allemands, un proverbe très significatif : *Il fait meilleur vivre sous la crosse de l'abbé que sous le glaive du baron.*

Récapitulons : Nos sociétés se sont élevées en formant d'abord de tout petits groupes appelés hameaux ou villages; puis, des bourgs, des villes, de grandes cités, des provinces et enfin des États, qui couvrent aujourd'hui notre Europe. Partout, les services mutuels, l'appui mutuel, la défense mutuelle, la protection mutuelle se pratiquent sous l'œil de Dieu et de l'Église (1), sur une échelle immense, non seulement de province à province, mais d'État à État, et ce grand ensemble de services, les uns religieux ou moraux, les autres intellectuels, les autres matériels, s'appellent la Civilisation.

Il me semble que vous ferez votre profit de cette instructive leçon.

QUESTIONNAIRE. — Comment se forment les sociétés civilisées ? — Quelle différence y a-t-il entre la vie pastorale et la vie agricole ? — Quel est le premier pas vers la civilisation, et quelle est la première forme de gouvernement chez une nation qui commence ? — Comment dans l'antiquité s'introduisit l'esclavage ? — Par qui et comment fut établi le servage au moyen âge ? — Quelle différence y avait-il entre le servage et l'esclavage ? — La condition des serfs était-elle aussi malheureuse que celle des esclaves ? — Indiquez les diverses transformations qu'ont subies les nations européennes depuis leur fondation.

III

LA PATRIE, C'EST LA GRANDE FAMILLE

La Patrie, ce n'est ni un mot ni une idée nés d'hier Il faut quelquefois même un long temps pour faire pénétrer, dans une nation, la véritable idée de la patrie.

(1) De là naquirent au moyen âge, les expressions : *la Chrétienté, la République chrétienne.*

Je vous en donnerai une preuve frappante dans la France elle-même. Écoutez :

Je vous ai montré, dans notre dernière leçon, comment les sociétés se forment, se groupent, se modèlent d'abord sur le patron de la famille. Il paraîtrait bien simple, au premier coup d'œil, que la grande patrie se formât immédiatement sur le même type. La plupart du temps, il n'en est rien, voici pourquoi :

Pour les groupes, dont le centre était un bourg ou une petite ville, il n'existe pas d'autre patrie que leur territoire ou les territoires avoisinants. Dans ces cas, ces groupes de familles plus ou moins nombreux se battent, nous l'avons vu, contre les assaillants, absolument comme les membres d'une même famille se défendent encore aujourd'hui, dans nos campagnes, contre les attaques de voleurs nocturnes. C'est le même système d'assistance mutuelle. Les forts combattent, et les faibles les aident dans la mesure de leurs forces. Mais l'idée de la défense et de l'assistance réciproques ne va pas plus loin. Il en était de même dans ces diverses petites sociétés qu'on appelle la Féodalité. On soutenait le seigneur contre ses voisins, mais on était rarement amené à se battre pour le plus grand seigneur, pour le roi : ainsi l'on s'habituait facilement à considérer comme sa patrie le village, le bourg, la ville, ou tout au plus la province où l'on était né, centres divers dans lesquels on trouvait concentrées ses relations. Un autre fait contribuait à cet état de choses : la grande difficulté et souvent le danger des communications de province à province. On était donc bourguignon, breton, picard, languedocien, ou provençal, avant d'être français. Aussi, rencontrons-nous un fait bien singulier : Il arriva, dans le cours des siècles, que les Anglais possédèrent plus d'un tiers de la France, et alors on vit nombre de Français se battre pour le roi d'Angleterre contre le roi de France. La chose nous paraît fort étrange. Alors elle semblait naturelle.

Mais le joug des Anglais était dur et leurs vassaux français finirent par éprouver je ne sais quel sentiment de révolte qui les poussa à se rallier à la souveraineté du roi national. Peu à peu, ce sentiment s'étendit et finit par engendrer un véritable patriotisme, qui se manifesta surtout vers la fin du quinzième et au commencement du seizième siècle. Déjà à cette époque, ce patriotisme éclate d'une façon saisissante, lorsque le chevalier Bayard, mourant sur le champ de bataille, reproche au duc de Bourbon d'avoir trahi la France et de combattre dans les rangs de l'étranger. Comme vous le voyez, mes enfants, il faut quelquefois de longs siècles pour faire naître chez une nation le véritable patriotisme.

Qu'est-ce donc que la Patrie? C'est une grande famille, image de notre petite famille. La seule différence, c'est que l'une est composée de quelques membres, l'autre, de plusieurs millions d'individus. Mais, dans l'une comme dans l'autre, on s'aime, on se soutient, on est heureux de la prospérité générale comme on l'est de la prospérité privée. La patrie est-elle glorieuse; les soldats ont-ils victorieusement défendu le sol national? on s'enthousiasme, on est fier, comme s'il s'agissait de sa propre réputation, de son propre honneur. La patrie, au contraire, est-elle malheureuse, le sol national est-il envahi par l'ennemi, les armées ont-elles subi des échecs; le gouvernement est-il mauvais, l'anarchie ronge-t-elle les forces vives du pays?

oh! alors, le vrai patriote gémit et s'irrite contre un tel état de choses. Tous les cœurs s'enflamment et redoublent d'efforts pour sauver ce bien commun : aucun sacrifice ne coûte comme aucun sacrifice ne nous coûterait pour relever la fortune de notre famille, si elle était ou compromise, ou perdue. Oui, chacun marche alors la main dans la main, prêt à mourir pour la grande famille qu'on appelle la Patrie, et j'ajoute qu'il n'en est pas de plus grande que la France.

QUESTIONNAIRE. — Quel est le type de la patrie et quelle en est l'origine? — Qu'est-ce que le patriotisme, et de quelle époque datent, chez nous, ses premières manifestations? — Quels doivent être les sentiments d'un patriote?

IV

LE CHEVALIER D'ASSAS

RÉCIT

C'était en 1760, pendant la guerre de Sept ans (1756-1763). Les Français, commandés par le maréchal de Castries, opéraient sur le Rhin, contre les Autrichiens et les Prussiens réunis. Les troupes françaises étaient massées non loin de Clostercamp, sur la rive gauche du fleuve et tout près de Wesel. De part et d'autre, on s'attendait à une bataille acharnée; car les deux régiments d'Auvergne et de Champagne comptaient parmi les meilleurs de l'armée française, et leur réputation était européenne. Un ouragan avait régné toute la journée, mais vers le soir s'était apaisé. Un épais brouillard, s'élevant de la terre détrempée par la pluie de la veille, noyait ciel et terre dans la même teinte grise et mélancolique, au milieu de laquelle se détachait une masse plus sombre, aux couleurs indécises. C'était le régiment d'Auvergne qui attendait l'ennemi.

Un silence profond, solennel régnait sur la bruyère de Camperbrunn. De temps en temps, on entendait seulement quelques coups de feu isolés, comme incertains. En avant du régiment d'Auvergne, une vingtaine de cavaliers prêtaient l'oreille au bruit de la mousqueterie, et échangeaient à voix basse leurs réflexions sur les mouvements de l'ennemi qu'elle trahissait : c'était M. de Castries et son état-major.

Tout à coup la fusillade a cessé. « M. le prince de Brunswick a évité nos avant-postes et marche sans doute sur notre gauche, dit le marquis de Castries. Colonel de Rochambeau, il faut envoyer une reconnaissance de ce côté. »

« Les deux premières compagnies à marcher ! » commande Rochambeau, en se tournant vers le front du régiment.

Les deux compagnies sortent du rang ; c'étaient celles d'Assas et de Tournoël.

« Je n'aurais pas mieux choisi, dit M. de Castries en reconnaissant les officiers qui viennent prendre ses ordres. Messieurs, je soupçonne l'ennemi de se glisser sur notre gauche. Vous allez parcourir la bruyère qui est de ce côté et m'en rapporter des nouvelles. »

Les deux compagnies s'éloignent et disparaissent dans la brume. Auvergne, silencieux, l'âme émue, les suit par la pensée. Elles marchent lentement, s'arrêtant de temps à autre, prêtant l'oreille au moindre bruit, cherchant à dissimuler celui de leurs pas. D'Assas et Tournoël, qui sont en tête, s'efforcent de percer du regard le brouillard dans lequel ils sont perdus. Autour d'eux règne un profond silence ; mais ce silence a quelque chose de menaçant. Il semble qu'il cache un piège. Ce n'est pas le calme de la nuit, c'est le calme qui précède la tempête. Il est plein de vibrations confuses, presque imperceptibles, qui sont un pressentiment plutôt qu'une sensation.

Tout à coup, d'Assas s'arrête, et, posant sa main sur le bras de Tournoël, lui fait signe d'écouter. Un bruit sourd et régulier résonne à quelque distance.

« Ce doit être une troupe en marche, dit d'Assas. Attendez-moi ici. Je vais le reconnaître.

— Prenez au moins quelques hommes avec vous, répond de Tournoël.

— A quoi bon exposer ces braves gens? Il me sera plus facile, étant seul, d'approcher sans être vu.

— Mais si vous tombez entre les mains de l'ennemi, songez qu'il faut que nous en rapportions des nouvelles.

— Pris, ou non, je vous en donnerai, » dit d'Assas en serrant la main de son ami.

Il le quitte et marche dans la direction d'où vient le bruit. Mais tout à coup des ombres gigantesques surgissent de la bruyère et s'élancent sur lui. D'Assas est entouré par une dizaine de grenadiers hanovriens, dont les baïonnettes menacent sa poitrine. « Silence ! ou tu es mort, » dit l'officier qui les commande.

D'Assas jette un coup d'œil autour de lui : la fuite est impossible ; la résistance serait sans espoir ; car il est tombé au milieu d'une colonne profonde qui, profitant du brouillard et de l'obscurité, cherche à tourner l'armée française.

D'Assas, l'héroïque d'Assas, ne peut plus rien que se sacrifier pour le salut de ses frères d'armes et la gloire de son pays. Il élève son âme à Dieu, réunit ses forces, et d'une voix mâle et fière, il s'écrie :

« A moi, Auvergne ! c'est l'ennemi. » Un cri déchirant, un cri d'agonie, râle de mort, suit cet appel, sublime et dernier témoignage du dévouement à la patrie.

Au même instant, sur le front du régiment d'Auvergne, on entend le bruit du fer qui heurte le fer : d'Assas est mort, Auvergne jure de le venger.

(*Légendes militaires*. Plon, éditeur.)

QUESTIONNAIRE. — Faire raconter d'abord oralement les détails de cet épisode héroïque de notre histoire nationale ; puis y revenir en exigeant une rédaction soignée, où l'élève donnera cours à ses propres sentiments de patriotisme.

V

CHARITÉ ET PATRIOTISME

RÉCIT

Lorsque la sœur Monique passe dans la rue du village, tous les hommes se découvrent et toutes les femmes la saluent avec respect.

C'est que la sœur Monique porte sur sa robe de bure sombre un tout petit bout de ruban rouge, qui rappelle sa conduite héroïque ; ce ruban, c'est celui de la Légion d'honneur.

On était à la triste journée de Frœschwiller. Depuis le matin, les boulets pleuvaient sans relâche et bien des soldats étaient tombés sur le champ de bataille. A peu de distance, les Sœurs de Charité attendaient que le combat fût fini pour venir ramasser les blessés et leur donner des soins.

Le soleil est près de se coucher; le canon se ralentit. Sœur Monique se sent impatiente d'arracher à la mort les malheureux qui gisent sur la terre.

L'un d'eux s'est traîné jusqu'au pied d'un arbre et pousse des gémissements douloureux. Elle s'élance à son secours; trouvant des forces dans sa charité, elle le soulève et l'emporte vers l'ambulance.

En cet instant, une nouvelle décharge d'artillerie se fait entendre. Un obus éclate et vient atteindre sœur Monique à l'épaule.

Alors, avec un courage surhumain, dominant la souffrance, elle soutient encore le blessé et parvient à le conduire derrière un pan de mur où il est désormais à l'abri.

Mais là ses forces l'abandonnent. Elle tombe évanouie, à côté de celui qu'elle a sauvé.

Bientôt on vient les relever tous deux et on les rappelle à la vie.

Les jours de fête, lorsqu'il fait beau, sœur Monique se plaît à réunir les enfants autour d'elle, sur la place du village.

Elle leur parle de la France. Elle leur dit :

« Aimez la France, mes enfants; c'est votre patrie, le lieu où vous êtes nés; où votre père et votre mère vous ont élevés; où vous avez joué avec vos frères et avec vos sœurs; où vous avez toutes vos affections, tous vos souvenirs.

» Petits garçons, peut-être un jour serez-vous obligés de la défendre. Songez à le faire alors avec courage et dévouement.

» Mais on ne sert pas son pays seulement sur le champ de bataille, on le sert encore par son travail, par son respect aux lois et aux autorités, par son amour pour la famille.

» Petites filles, vous pouvez, vous aussi, en vous efforçant de devenir bonnes et laborieuses, contribuer à sa gloire et à sa prospérité. »

(Premières Lectures de choses usuelles,
par Eug. Dupuis. Delagrave et Cie.)

QUESTIONNAIRE. — Faire aussi raconter ce récit en détail et en provoquant chez les élèves des réflexions, puis le donner comme sujet de rédaction.

VI

LE PATRIOTISME PEUT-IL SE FORMER, SE CULTIVER ?

Autant vaut me demander comment vous avez appris à aimer votre père et votre mère : d'abord, leurs caresses et leurs bontés vous ont attirés, attachés instinctivement à eux. Puis, à mesure que la raison vous est venue, vous avez étudié le caractère de votre mère, celui de votre père ; leurs goûts, leurs tendances, leurs opinions, que vous vous êtes appropriés presque sans vous en douter. De cet ensemble d'observations et d'efforts est né et s'est accru ce sentiment si doux, si énergique qui s'appelle l'amour filial.

Et voilà précisément, chers amis, ce qu'on peut faire pour la Patrie, cette admirable mère de tous les Français. Oui, on apprend à aimer son pays, comme on apprend à aimer sa famille. Est-ce absolument de la même façon? Évidemment non; mais cela conduit au même but.

Le premier moyen et le plus simple, c'est d'étudier le village où l'on vit, la commune et la région qui nous entourent. Comment s'est élevé ce village où vous êtes né, cette ville que vous habitez? Ont-ils eu des hommes marquants dans l'histoire nationale? Reste-t-il, dans les environs, quelques vestiges de leur séjour? Comment se sont-ils rendus célèbres? Est-ce dans la guerre, en défendant le pays; ou, dans la paix, par des travaux industriels? Y a-t-il des livres racontant les détails de ce passé de votre localité? et, s'il y en a, comment se les procurer? Demandez-le à vos maîtres; demandez-le à vos amis et connaissances.

Mais voici encore mieux : vous allez à la ville voisine avec votre père, qui se propose d'y acheter des bœufs ou des outils. Pendant qu'il examine les outils ou les bœufs et qu'il fait son prix avec le marchand, promenez vos regards sur les objets qui vous environnent. Tout à coup, vos yeux tombent sur les ruines d'un ancien château fort, devenu aujourd'hui un lieu de promenade publique. A la fin du marché, vous demandez à votre père de vous y conduire, comme une récompense; car c'est sûr et certain que vous avez été fort sage, tandis qu'il faisait, lui, ses affaires. Une fois sur la place du château, vous chercherez à savoir quel fut le fondateur et le premier habitant de ce château; quand il vivait, quelle figure il faisait dans le pays? et sa famille, ses descendants quel rôle ils ont joué dans l'histoire de la localité? Ont-ils disparu complètement? Le portrait du fondateur existerait-il, par hasard, à la bibliothèque ou au musée de la ville, s'il y en a un? Vous aimeriez bien le voir. Si votre père n'est pas assez instruit pour vous fournir ces détails, il connaîtra peut-être quelqu'un capable de vous les donner ou de vous indiquer où tout cela se trouve. Alors, quelle sera votre joie! vous pourrez véritablement vivre dans le passé de la ville, comme si vous y étiez. Et ainsi vous apprendrez à aimer la localité où vous êtes, en vous attachant à ceux qui l'ont rendue célèbre. Voilà un premier commencement de patriotisme.

Mais, au lieu d'un château, c'est peut-être d'un vieux monastère ou d'une usine moderne qu'il s'agira. Dans le premier cas, vous procéderez à peu près de même que pour le château, et vous arriverez presque à coup sûr à ce résultat : c'est que les anciens moines ont débuté en défrichant la terre, et que, peu à peu, leur système de labourage a fini par se répandre et par pénétrer dans les campagnes environnantes. En apprenant ces choses, vous bénirez la mémoire de ces religieux qui ont été les bienfaiteurs de ce pays.

Et j'en dis tout autant du créateur de l'usine moderne. C'est ordinairement un homme d'un génie véritable, qui est venu s'installer dans une position favorable à son industrie, et qui, par ce seul fait, y a créé toute une population laborieuse et prospère. Chaque ouvrier a sa petite maison à lui, maison souvent entourée d'un petit jardin, et, s'il est laborieux, rangé, il peut vivre heureux. Que de choses encore à apprendre, et qui vous feront aimer l'endroit où vous êtes né! C'est toujours du patriotisme, celui-là, et formé à la bonne école.

Croyez-moi, mes enfants, suivez mes conseils et vous arriverez, sans vous donner beaucoup de peine, à connaître ainsi, d'abord l'histoire de votre commune, puis celle du chef-lieu d'arrondissement, celle du département, celle de la province à laquelle vous appartenez; et enfin celle du territoire tout entier de la France, de ses ressources, de ses productions diverses, qui ont fait souvent l'objet de l'admiration et de l'envie des étrangers.

Mais c'est bien autre chose quand il s'agit de l'histoire nationale. C'est là qu'est la véritable école du patriotisme! Pensez-y donc. Étudiez successivement les grands règnes et les grandes actions de Charlemagne, de saint Louis, de François Ier, de Henri IV, de Louis XIV; les hauts faits des Duguesclin, des Jeanne d'Arc, des Bayard, des Condé, des Turenne, des Jean-Bart, des Dugay-Trouin, et dans les temps plus rapprochés de nous ceux des Hoche, des Marceau, des Ney, des Bonaparte et de tant d'autres!... Que de pages glorieuses! Que de désastres terribles aussi! C'est alors que vous vous identifierez avec tous ces événements mémorables, que votre cœur battra de joie à la vue de nos triomphes, et gémira de douleur en présence de nos défaites ou de nos divisions. Quand vous en serez là (et je voudrais que vous y fussiez tous), vous aurez appris ce que vaut la patrie, ce qu'est le patriotisme, les sacrifices qu'il impose, les récompenses qu'il procure, et vous direz peut-être tout bas : Moi aussi je voudrais faire de grandes choses, je voudrais être un vrai patriote!

QUESTIONNAIRE. — Comment se forme le patriotisme ? — N'est-il pas utile d'étudier l'histoire locale aussi bien que l'histoire générale ? — Dire comment toutes deux contribuent à former le patriotisme des enfants, en leur faisant connaître les belles actions des héros et des bienfaiteurs de la France.

VII

PATRIOTISME ET CHAUVINISME (1), CELA FAIT DEUX

A la leçon suivante, comme M. Bernard montait à son bureau, Jules Blanchard, dont nous connaissons déjà le naturel vaniteux, l'arrêta :

— Monsieur, j'ai entendu dire, l'autre jour, à un vieux militaire retraité, que les Français sont la première nation du monde. Est-ce vrai, ça? Moi, je suis de cet avis.

— Mon cher Jules, riposta le maître, je conçois très bien ces paroles dans la bouche du vieux grenadier. Je sais de qui vous voulez parler, et comme il a, lui, fait plus d'une fois ses preuves sur le champ de bataille ; qu'il a gagné la croix et de nombreuses blessures dont il est fier ; il a, certes, le droit de croire et de dire que les soldats français sont les premiers soldats du monde. Nous pouvons lui permettre un peu d'exagération.

Quant à vous, c'est autre chose : vous n'avez encore rien fait pour la patrie ; Dieu sait même si jamais vous ferez quelque chose pour elle. Donc, dans votre bouche ces paroles seraient un peu ridicules. Lorsque votre raison sera plus formée, vous penserez comme moi.

(1) *Chauvinisme.* Ce mot semble avoir pour origine le nom de *Chauvin*, héros de la pièce de Scribe, *le Soldat laboureur*.

« Nous sommes le premier peuple du monde. » Voilà une phrase que j'ai entendu répéter depuis près de trente années, et cela s'imprimait dans les trois quarts des journaux. Écoutez attentivement, continua M. Bernard, en s'adressant à tous. Voici comment est née cette espèce de proverbe. Au commencement du siècle, nous avions remporté tant de victoires, conquis tant de pays étrangers, que rien ne nous paraissait impossible. Une armée française, croyait-on, ne pouvait jamais être battue, et notre gloire aidant, nous devînmes insupportables aux autres nations. Mais les revers ne tardèrent pas à nous donner de terribles leçons de modestie. D'abord en 1809, la déplorable guerre d'Espagne nous montra ce que vaut une nation qui défend avec énergie ses foyers contre l'invasion étrangère. Après avoir été un moment maîtres de toute la Péninsule, nous fûmes ramenés, tambour battant, de l'Andalousie aux Pyrénées et même au delà, en 1814.

Déjà, nous n'étions plus la première nation du monde. En 1812, l'empereur Napoléon Ier, poussé par son ambition, se lança à la tête de plus de six cent mille hommes dans une malheureuse expédition contre la Russie. Toute cette gigantesque armée se fondit sous le froid d'un hiver glacial, et malgré les victoires remportées encore par nos admirables soldats, il ne revint pas en France plus de trente mille hommes. De plus, nous avions contre nous l'Europe entière. Hélas ! nous ne pouvions plus dire : « Nous sommes la première nation du monde. »

Si je vous cite ces deux exemples, mes chers amis, c'est pour vous montrer qu'il ne faut jamais laisser notre légitime fierté nationale se transformer en forfanterie ridicule; on est souvent près de la chute alors que l'on s'enorgueillit le plus. Oui, la France est grande et glorieuse; mais les autres peuples ont aussi leurs qualités de bravoure et de résistance qu'ils déploient quelquefois avec éclat. Gardons-nous donc de nous endormir dans une sécurité trompeuse, et de tomber après un revers dans un découragement profond. Ces deux excès sont un péril national. Les exemples en sont nombreux, et il me serait très facile de vous en citer, si cela ne nous menait trop loin. Dans les temps passés, nos défaites à Crécy, à Poitiers, à Azincourt, n'ont pas eu une autre cause que ce fol enivrement de notre chevalerie. Et tout récemment, dans la guerre néfaste de 1870, chacun en France n'était-il pas certain que nous allions battre les Prussiens à plate couture? La chose eût été très probable, si nos armées avaient été assez nombreuses et si nos préparatifs avaient été mieux combinés. Ce fut précisément le contraire qui arriva, et alors, au lieu d'une résistance acharnée de toute la nation, au lieu de défendre la patrie comme on défendrait son père et sa mère, on vit beaucoup de gens se cacher et, faut-il le dire, ouvrir leurs portes à l'ennemi, les fermer à nos soldats épuisés et blessés. Voilà ce qui s'est passé, mes enfants. D'où cela venait-il? Uniquement de la désespérance funeste de ces Français infatués avant la défaite et démoralisés après. Souvent il suffit d'une noble énergie, d'une volonté tenace, pour changer complètement la face des choses.

Mais comment s'acquièrent cette énergie et cette volonté? Par la pratique de vos devoirs de tous les jours. Et plus tard, dans la vie, si vous éprouvez des difficultés, des obstacles, vous trouverez en vous la ferme résolution de les surmonter. Oui, recommencez plutôt dix fois qu'une, et il y a tout à parier que vous réussirez. Cette habitude de la persévérance, de la ténacité dans ce qu'on entreprend, c'est le secret du succès. Quand on l'applique ensuite à ses devoirs envers la patrie, on est bien près d'atteindre le but qu'on s'est proposé.

En voici un exemple très frappant :

En 1806, ces mêmes Prussiens avaient été écrasés par Napoléon Ier à la bataille d'Iéna ; tout était anéanti. Quant à l'armée, le vainqueur l'avait réduite à quarante-deux mille hommes pour la monarchie entière. Que firent les Prussiens? au lieu de se laisser abattre, ils se préparèrent à une nouvelle lutte. Les étudiants des Universités, professeurs en tête, coururent se ranger sous les drapeaux, à côté des paysans soulevés en masse; les villes devinrent bientôt de vastes ateliers militaires ; les dons en argent arrivèrent de tous côtés. Qui ne pouvait donner de l'argent, fournissait des chevaux, des vivres ou des armes : c'était un élan admirable et universel. Les femmes elles-mêmes se signalèrent par le sacrifice de leurs bijoux, et par les soins donnés aux blessés dans les camps. Grâce à ces merveilleux efforts, la Prusse reconquit sa force, et en 1814 ses soldats entrèrent à Paris, hélas ! avec les autres coalisés.

Maintenant, je vous le demande, si les Prussiens s'étaient découragés, s'ils avaient cédé à une lâche défaillance, quel eût été leur sort? Plus malheureux que jamais ! et tout le monde les aurait avec raison méprisés.

Voilà ce que peut faire le patriotisme bien entendu.

QUESTIONNAIRE. — Différence entre le patriotisme et le chauvinisme. — Pourquoi ne faut-il pas croire que la France est la première nation du monde? — A quoi aboutit souvent l'esprit de forfanterie? — Quel est l'esprit qu'il faut surtout rechercher 1° pour ne pas tomber dans une vanité ridicule et 2° pour cultiver en outre le vrai sentiment patriotique? — Citez dans l'histoire de France des exemples où l'excès de confiance a été cause de grands désastres. — Citez en sens contraire l'exemple d'un peuple qui, écrasé dans la guerre, s'est relevé grâce à son énergie et à sa persévérance.

VIII

LES DROITS CIVILS, LA SOCIÉTÉ CIVILE

Trois années s'étaient déjà écoulées, et, un jeudi matin, M. Bernard venait de congédier ses élèves, qui ne demandaient pas mieux; il allait se mettre à déjeuner, quand il vit arriver devant lui un grand gaillard bien découplé, aux larges épaules, à la figure ouverte, lequel, du plus loin qu'il aperçut son ancien maître, s'écria d'un ton joyeux :

— Bonjour, monsieur Bernard; vous voilà bien surpris, n'est-ce pas? vous ne vous attendiez pas à me voir, hein?

— Ma foi, non! répondit l'excellent instituteur. Vous êtes donc de retour au pays? Qu'est-ce qui vous amène ici? Seriez-vous dégoûté de Paris?

— Oh! pour ça, non! répliqua vivement Jacques Lecordonnier. Je m'y plais plus que jamais : j'ai un bon patron, je crois avoir bien appris mon métier de menuisier; l'ouvrage ne me manque pas; je gagne ma vie et j'ai déjà mis quelque chose à la caisse d'épargne; enfin, j'ai de braves camarades, que voulez-vous de plus? Mais, comme fils unique, je suis dispensé du service militaire. Je viens d'avoir vingt et un ans, je suis majeur et citoyen. Donc, me suis-je dit, je vais faire un tour au pays. Je déciderai peut-être ma mère à venir vivre avec moi à Paris, et, par la même occasion, je me ferai inscrire sur la liste des électeurs. Moi, je tiens à Beaumont où je suis né, où e veux conserver mon domicile; je me rappelle encore vos leçons, monsieur Bernard.

— Ceci est de bon augure, mon cher Jacques, et je ne m'étonne pas que vous réussissiez. Lorsque vous étiez sous ma férule, vous annonciez déjà un caractère solide...; mais, à propos, vous déjeunerez avec moi? Quand il y en a pour un, il y en a pour deux et même pour trois, car enfin vous n'avez pas oublié non plus Mme Bernard, qui a gardé de vous un excellent souvenir.

— Merci, maître, j'accepterai volontiers, car j'ai couru déjà ce matin à la ferme du père Blandin et j'ai grand appétit. Mais pourquoi ne me tutoyez-vous plus? Ce serait comme au bon temps d'autrefois.

— Va pour le tutoiement, mon enfant; mais tu es maintenant un homme, et tu te le rappelles, je n'ai pas trop l'habitude de tutoyer mes élèves.

— C'est vrai, mais quelquefois vous faisiez une exception en faveur de quelques-uns et j'étais de ceux-là : continuez, je vous prie, mon bon maître?

— A ta volonté, mon ami Jacques ; mais voilà le déjeuner, mettons-nous à table, nous causerons après.

Le déjeuner fut gai. L'ouvrier renoua connaissance avec la femme et les enfants de l'instituteur, s'étonna de les trouver si grandis, mais ne s'étonna pas de retrouver Mme Bernard toujours agréable et bienveillante. Puis, au dessert, il fit honneur à une bouteille d'un vin vieux que le maître alla chercher au fond de la cave et qui ne figurait sur la table que dans certaines grandes occasions. Dès que les enfants se furent envolés pour prendre leurs ébats, et que Mme Bernard eut disparu pour vaquer aux soins de son ménage, l'instituteur dit à son ancien élève : — Vraiment je ne t'ai jamais vu si gai ; tu es fier, sans doute, de ta nouvelle qualité de citoyen français. Tu me le prouves d'ailleurs, puisque tu es si pressé de te faire inscrire sur la liste électorale. Tu n'as pas tort, assurément ; mais as-tu réfléchi à tous les devoirs que t'impose le fait même de ta majorité ?

Jacques Lecordonnier parut un peu déconcerté par cette question, toutefois il reprit bientôt :

— Réfléchi ? oui et non. D'abord quant à mon droit d'électeur, je sais qu'il faut voter en conscience et à bon escient. Après cela, je suis content, très content même de faire tout ce que je veux : de n'être obligé d'obéir à personne, enfin d'être homme.

— Je conçois parfaitement ta joie, cependant, tu n'es pas, comme tu sembles le croire, absolument libre de faire tout ce que tu veux : à commencer par Dieu, par exemple, à qui tu dois obéissance. Il te laisse libre sans doute de pratiquer la vertu ou de faire le mal ; mais, remarque-le, à tes risques et périls. Puis, dans la société, tu n'es pas libre d'empiéter sur les droits d'autrui. Tu n'es pas libre non plus de ne pas exécuter les ordres de ton patron et de désobéir à la loi. En somme, ta liberté n'est pas du tout illimitée. Mais, passons : le vrai sens de ta majorité est celui-ci : de la famille privée, particulière, tu as passé dans la grande famille de la nation française. La loi qui proclame ta majorité te suppose assez raisonnable pour te gouverner toi-même et accomplir les divers actes de la vie civile. Désormais, si quelques-uns de tes actes violent la loi, tu en es personnellement responsable; dès lors tu en subiras les conséquences.

Grâce au fait de ta majorité, mon bon Jacques, tu as beaucoup de nouveaux droits, mais aussi beaucoup de nouveaux devoirs. Eh bien, je comprends, moi, qu'on soit fier des uns et des autres. Dans l'accomplissement d'un devoir, il y a toujours quelque chose qui grandit l'homme, et sais-tu pourquoi? C'est que l'accomplissement du devoir exige de nous un effort, un acte viril de notre volonté. Souvent cela nous coûte, nous faisons un sacrifice. Mais il y a là un acte moral, dont on a de quoi être fier. Toutefois, en ce moment, parlons plutôt de tes droits, qui sont de deux sortes : les uns civils, les autres politiques. Ton droit d'électeur est parmi les derniers : si tu le veux bien, nous le laisserons de côté, parce qu'il nous mènerait trop loin.

Le premier de tes droits civils est celui de la propriété. Jusqu'ici, ta mère, comme veuve, tenait de la loi le droit exclusif de gérer vos biens communs. Elle était ce qu'on appelle ta tutrice naturelle et légale. En un mot, elle concentrait dans sa personne toute l'autorité paternelle et maternelle.

Aujourd'hui, elle s'apprête à te rendre ses comptes de tutelle, et si, ce que j'ignore, elle a droit, elle, à une part de la fortune patrimoniale, tu peux exiger qu'elle te mette en possession de la petite ferme et des champs qui appartenaient en propre à ton père. Voilà ton droit strict, que tu n'avais pas la veille de ta majorité. Je ne te dis pas de l'exercer, et tu ferais peut-être mieux, au contraire, si ta mère reste encore à Beaumont, de la laisser gouverner votre petit bien, car c'est une femme d'une bonne tête et très entendue en affaires. Mais je constate seulement ton droit, et personne n'aurait mot à dire si tu voulais administrer toi-même ta propriété, ou l'affermer, ou la vendre à ton gré. Ce droit-là est déjà fort important. En voici un autre qui ne l'est pas moins.

La veille de ta majorité, ta personne appartenait légalement à tes parents, qui avaient sur toi une autorité légitime : c'est-à-dire le droit de te diriger, de te conduire d'après les principes qui leur paraissaient les meilleurs pour ton bien. Dieu sait que ton père et ta mère ont admirablement exercé ce droit-là dans ton intérêt. Mais le lendemain de ta majorité, aux yeux de la loi humaine, non certes aux yeux de la loi divine, tu as pris pleine possession de ta propre personne. Tu es devenu un homme complet, ce qu'on appelle une personnalité civile.

Connais donc bien l'étendue de tes droits, et n'oublie jamais tes devoirs correspondants, qui sont toujours en raison directe des premiers.

Il va sans dire que le citoyen a beaucoup d'autres droits que tu ne tarderas pas à connaître ; la société protège et couvre l'ensemble de ces droits par des lois équitables, dont l'unique but est de maintenir chacun dans la légitime possession de sa personne ou de sa chose.

A ce propos, laisse-moi, mon cher Jacques, te prémunir en finissant, contre ce que tu entendras souvent répéter par des hommes ou passionnés ou ignorants, à savoir, que cet ensemble de droits et de devoirs civils date seulement de la Révolution. C'est une erreur. Je l'ai cru aussi, mais un avocat très distingué de ma connaissance m'a montré un jour que beaucoup de ces lois fonctionnaient déjà depuis des siècles, et que les jurisconsultes de la Constituante n'ont fait que les approprier au nouveau régime. En cela, ils ont eu raison. Mais il faut faire la part de chacun et ne pas croire, par exemple, que nous avons absolument tout créé à nouveau; certes non, la vérité et le bon sens disent le contraire.

Arrêtons-nous là, notre conversation devient par trop sérieuse et tu n'es pas venu chez moi pour faire un cours de droit civil.

Si tu veux, je te donne tout mon après-midi, et nous irons voir les amis d'autrefois. Aussi bien, j'ai un mot à dire par-ci par-là aux parents de plusieurs de mes écoliers.

Jacques fut enchanté de la proposition; maître et élève s'en allèrent bras dessus bras dessous, pour terminer la journée ensemble.

QUESTIONNAIRE. — Quels droits acquiert-on à sa majorité? — La liberté personnelle et civile est-elle illimitée? — Quelles en sont les bornes? — Quels droits politiques s'acquièrent par la majorité? — Pourquoi doit-on être fier de ces droits? — Qu'entend-on par le droit de propriété? — Est-on maître de sa personne avant sa majorité? — De qui dépend-on? — Les droits civils datent-ils seulement de la révolution de 1789? — Que faut-il penser de cette opinion? — Qu'est-ce qu'un jurisconsulte?

IX

L'ÉGALITÉ DEVANT LA LOI

Autrefois, mes enfants, la société politique était divisée par classes : la noblesse, le clergé, la bourgeoisie, chacune de ces trois classes possédait des privilèges, mais fort inégalement répartis.

Ces divers privilèges, cette organisation par ordres et par classes avaient fini par engendrer certains abus qui paraissaient d'autant plus choquants qu'ils éclataient à tous les yeux. Aussi, dès avant la Révolution, l'esprit d'équité en avait déjà fait tomber quelques-uns et chacun aspirait, roi, nobles, prêtres, bourgeois, à voir disparaître le reste. C'est ce qui explique en partie comment nos aïeux de 1789 marchèrent si vite dans leurs réformes ; mais la passion aidant, ils opérèrent une révolution sanglante, au lieu d'effectuer simplement les changements nécessaires.

Un des premiers résultats de cette révolution fut d'abord la désorganisation, même la destruction de l'Église en France, ensuite la proclamation de l'égalité de tous les hommes devant la loi. Plus de privilèges, plus de classes séparées, plus de personnes dispensées de payer l'impôt ; ce qui existait, sous l'ancien régime, pour certaines classes, mais non d'une façon absolue, comme on l'a prétendu, puisque ces personnes étaient soumises à l'impôt foncier et à bien d'autres impôts, dans la proportion de leur fortune. Enfin, plus de différence non plus aux yeux de la loi entre un paysan et un grand seigneur, fut-il même un Montmorency, par exemple.

Sous l'ancien régime, mes amis, il existait des tribunaux particuliers pour juger les délits et les crimes des nobles et du clergé, système de législation qui s'étendait même aux roturiers : on appelait cela *être jugé par ses pairs*. C'était un principe ou mieux un usage né du régime féodal. Tout fut aboli. Dès lors, il n'y eut pas un homme ou une femme en France qui ne fût jugé par des tribunaux de même espèce.

Les nobles tenaient surtout à honneur de servir la patrie dans l'armée, ce qui n'empêcha pas les roturiers de s'y distinguer, comme sous Louis XIV, les Fabert, les Duguay-Trouin, les Jean Bart. Désormais, chaque Français put arriver aux postes les plus élevés de l'armée, même devenir maréchal de France, à condition d'y atteindre par sa bravoure et son mérite. Beaucoup de généraux modernes, dont les noms sont illustres, ont commencé par être de simples soldats.

Enfin, une autre égalité fut aussi proclamée, celle de l'instruction commune à tous. Ce qui n'était pas, par parenthèse, une nouveauté. Avant la Révolution, le pays était déjà couvert d'écoles, fondées la plupart par le clergé ou par des personnes charitables. A vrai dire, si l'on fit, pendant la Révolution, de nombreuses lois en faveur des écoles, on ne réussit guère à en créer de nouvelles, et les anciennes tombèrent presque toutes avec l'Église qui les avait établies. La diffusion générale de l'instruction primaire posée en principe, ne commença à se réaliser que longtemps après la Révolution. En fait, celle-ci, poussée par sa haine contre la Religion, détruisit sans rien mettre à la place.

Aujourd'hui donc, devant notre loi française, il n'y a plus d'inégalités civiles ; il n'y a plus que des inégalités naturelles. J'appelle inégalités naturelles, celles qui sont fondées sur notre nature elle-même. Ainsi, tel homme est intelligent, tel autre borné. Il est clair que le premier atteindra peut-être par son mérite aux plus hautes dignités de l'État ou de sa profession, tandis que l'autre restera en bas. Celui-ci est laborieux, économe, régulier dans sa conduite; celui-là, paresseux, prodigue, débauché. Il est clair encore que ces deux hommes seront forcément inégaux dans la société, par suite même de leur bonne ou de leur mauvaise direction. Au fond, c'est la conséquence forcée de leur manière de vivre ; c'est la récompense morale de leurs vertus ou la punition de leurs vices. Personne n'a le droit de se plaindre de cet état de choses, qui existait dans le passé et existera autant que l'homme ici-bas.

Une autre inégalité qu'on peut appeler naturelle, c'est la richesse ou la pauvreté. Naître riche ne constitue pas certainement une vertu. Naître pauvre n'est pas un délit, encore moins un crime. Notre-Seigneur lui-même naquit pauvre, puisqu'il n'avait pas où reposer sa tête. Cependant le riche, héritier du fruit du travail accumulé de ses aïeux, n'est pas dans la même condition que le pauvre, privé des avantages attachés à la richesse. Mais il reste toujours au pauvre la faculté d'acquérir, par sa bonne conduite, son travail et son intelligence, sinon la richesse même, tout au moins un certain bien-être, l'estime de tous les gens de bien et leur appui, comme au riche le devoir rigoureux de bien user de sa fortune.

Encore un mot : ces inégalités que je viens de vous

indiquer, inégalités fondées sur la nature de l'homme, n'impliquent pas l'inégalité devant la loi, puisque, devant cette loi, richesse et pauvreté ont absolument les mêmes droits de protection sociale. Du reste, cette égalité devant la loi n'est point particulière à la France : elle existe maintenant dans presque tous les pays de l'Europe chrétienne. Et de fait, c'est un résultat qui devait se produire à la longue sous l'influence du Christianisme.

QUESTIONNAIRE. — Quelle était l'organisation de l'ancienne société française ? — Quels abus cette organisation avait-elle engendrés ? — Quels étaient les vœux de tous en 1789 ? — Quel grand principe en sortit ? — Qu'entend-on par égalité devant la loi ? — Comment s'applique-t-elle ? — Y a-t-il des inégalités naturelles ? — En donner des exemples ? — Existaient-t-elles de fait avant 1789 ? — L'égalité devant la loi est-elle propre à la France ?

X

LA LIBERTÉ

A côté de l'égalité vient se placer un autre bienfait de la vie sociale : la LIBERTÉ. Bienfait plus grand à vrai dire que l'égalité ; car l'égalité peut exister sous un despote, sous un tyran. Par exemple, chez les Turcs, d'après leur loi religieuse elle-même, le sultan est véritablement propriétaire de tous ses sujets et il possède sur eux un pouvoir absolu de vie et de mort. Tous sont égaux devant lui, et il en est de même dans les diverses monarchies de l'Orient. Mais personne, absolument personne dans ces États ne peut se dire un homme libre. Qu'est-ce donc que la Liberté dans une société civilisée? c'est, comme homme, ne relever dans sa conscience uniquement que de Dieu, et, comme citoyen, s'appartenir à soi-même, non appartenir à un autre comme l'esclave à Rome ou le serf en Russie. La Liberté, c'est encore le pouvoir de diriger comme on veut ses facultés, de régir comme on veut ses propriétés, d'élever comme on veut ses enfants, d'exercer dans toute leur étendue ses droits civils et politiques, en tant néanmoins que ceux-ci ne blessent pas les droits et la liberté d'autrui. La liberté, les droits d'autrui, voilà donc une des grandes limites de la liberté de chacun. Mais la liberté personnelle et collective, dans une société bien organisée, admet encore bien d'autres limitations que chacun accepte, parce qu'à les prendre dans leur ensemble, elles constituent la *Loi commune*, laquelle est la forme authentique destinée à consacrer le droit de tous.

Remarquez-le bien, mes enfants, lorsque je dis : chacun est maître de sa personne, cela s'applique uniquement à la liberté civile ; cela ne signifie certes pas que chacun est maître, en vertu de sa liberté personnelle, de violer la loi divine et morale, de se tuer, de ne pas adorer Dieu, car la loi divine est elle-même le fondement solide de toute législation humaine. Or Dieu nous dit, du haut du Sinaï : « Je suis le Seigneur, ton Dieu, que tu adoreras de toutes les forces de ton âme, à l'exclusion de toute idole. »

Il nous a dit encore : « Tu ne tueras point. »

Or, si nous ne pouvons tuer les autres, pour nous venger, comment admettre que nous ayons le droit de nous anéantir de nos propres mains? Ce peu de mots vous suffira pour vous faire voir que, si je parle de liberté civile, je la présuppose toujours limitée par la

Loi divine infiniment plus haute, infiniment plus sainte qu'aucune loi humaine. Continuons.

Voici un exemple qui vous fera saisir mieux encore, je crois, la question dont nous nous occupons :

Le père de Nicolas Blandin et le père de Jules Blanchard sont voisins et liés de bonne amitié. Leurs deux jardins sont séparés par une simple haie d'aubépine et, à gauche comme à droite de ces jardins, s'étendent deux prairies dont ils sont propriétaires, chacun pour sa part. Sur un côté de ces deux prairies, court un sentier menant à la rivière voisine. Or Blandin père et Blanchard père s'entendent très bien pour suivre ce sentier et le faire suivre à leurs vaches quand il s'agit de les abreuver. Supposons qu'il prît fantaisie à l'un des deux, au lieu de suivre le sentier commun, de mener ses bestiaux à travers la prairie de l'autre. Qu'arriverait-il? celui dont la prairie serait ainsi endommagée par les vaches passant et repassant chaque jour, commencerait par jeter les hauts cris; et si le voisin persistait, non seulement l'amitié mutuelle cesserait bientôt, mais il en naîtrait un conflit, peut-être un procès, et le coupable serait bel et bien condamné par un tribunal : pourquoi? C'est qu'il y aurait là un cas d'empiètement sur la liberté de possession légitime, qui est le droit inaliénable de tout Français jouissant de ses droits civils. Retenez bien, mes amis, le sens de ce mot *inaliénable*, c'est-à-dire qui ne peut être vendu. Voilà un exemple. En voici d'autres qui vous concernent de plus près : Je vous vois ici alignés devant moi et assis devant vos pupitres. Chacun a ses livres, ses cahiers, ses plumes, ses crayons, enfin tout ce qu'il faut pour bien travailler et, par conséquent, pour bien apprendre. Chacun de vos casiers a les mêmes dimensions; et chaque place exactement mesurée d'avance vous permet d'être à votre aise pendant votre travail. Tant que vous restez dans les limites de cette place, vous êtes tous contents les uns des autres. Mais voici que Jacques, un vrai *Monsieur Sans-Gêne,* s'avise de prendre une partie de la place de son voisin : il s'y allonge outre mesure ; il fourre ses livres à lui dans le casier d'à côté; puis il s'approprie, sans les demander, les crayons et les plumes de ses camarades. La bonne entente ne sera pas de longue durée, n'est-ce pas ? Pourquoi? C'est que M. Sans-Gêne aura empiété sur la liberté d'autrui, c'est-à-dire sur ce qu'un citoyen, dans le meilleur sens de ce mot, regarde comme un bien inestimable.

Ici, mes enfants, quelqu'un pourrait me dire : Dans l'exemple que vous venez de donner, le droit de propriété a l'air de se confondre avec la liberté ? Cela est parfaitement vrai : c'est que, dans la pratique, le droit de propriété se confond très souvent avec la jouissance de la liberté personnelle.

Il y a très peu d'années, le servage existait en Russie. Quand un propriétaire voulait vendre une terre, il vendait avec elle, les paysans qui l'habitaient. On disait alors : M. un tel est propriétaire de mille, de deux mille, de trente mille âmes, c'est-à-dire trente mille serfs. Chacun de ces serfs avait une chaumière, un petit jardin et un lopin de terre dont le gratifiait son maître et dont il avait la jouissance. Mais ni la chaumière, ni le jardin, ni le lopin de terre ne lui appartenaient, bien entendu. Le paysan voulait-il changer de domicile, s'établir ailleurs ? Il ne le pouvait ; sa personne n'était pas à lui ; elle faisait partie de la terre. Et le maître avait le droit légal, si cela lui

6.

convenait, d'enlever au paysan et à sa famille cette chaumière, et de les transporter ailleurs. Partout où il allait, le paysan était astreint à des corvées, c'est-à-dire à cultiver gratuitement les terres du maître deux ou trois fois par semaine.

Maintenant ce même paysan, comme cela arrive souvent à la population russe, avait-il envie de s'établir dans une petite ville voisine pour y exercer un métier? Il n'en avait certes pas la liberté, à moins d'en avoir reçu l'autorisation de son seigneur auquel il devait, en ce cas, une indemnité annuelle de tant par tête, pour le tort qu'il faisait à ce même maître par son absence. Il va sans dire, que le paysan, n'ayant pas de liberté personnelle, avait moins encore le droit d'acquérir des propriétés. De fait, il ne l'aurait obtenu que par un affranchissement du servage accordé par le seigneur.

Autre supposition qui était une réalité. Le maître trouvait-il, dans la famille du paysan, un jeune garçon de bonne mine ou une jeune fille bonne ménagère, propres à faire des domestiques présentables dans sa maison? Il les prenait, sans autre forme de procès et sans le consentement du père ou de la mère. Cela ne se faisait pas toujours sans doute, mais, enfin, le maître en avait le droit.

Dernier fait que je vais vous citer. Un jeune paysan avait-il envie d'épouser une jeune fille, avec le consentement de ses parents, bien entendu? Les deux fiancés, escortés de leurs familles, allaient trouver le propriétaire et lui demandaient la permission de se marier. Généralement, celui-ci l'accordait. Mais enfin il avait le droit de la refuser et cela est arrivé plus d'une fois.

Vous voyez donc bien, mes enfants, que dans un État régi par le servage, la privation de la liberté personnelle emporte aussi la privation du droit de propriété et que, dans la pratique, la liberté et le droit de propriété se confondent communément.

L'empereur Alexandre II qui vivait encore il y a peu d'années, a, de sa propre autorité, mis fin au servage russe, et c'est pourquoi il faut bénir sa mémoire. En cette occasion, pour sa part personnelle, il a affranchi onze millions de serfs que possédait la Couronne, ce qui ne l'a pas empêché d'être assassiné par des criminels. C'est qu'il y a des gens ne cherchant que le désordre, qui haïssent les bons souverains, précisément parce qu'ils les savent capables de faire aimer l'autorité.

Vous me comprenez bien maintenant. Tel est le bienfait que la société, en d'autres termes, la patrie, assure à chaque Français : la liberté civile, d'où découlent toutes les autres libertés, notamment la liberté du domicile, laquelle, parmi les peuples vraiment libres, est regardée comme inviolable. La maison d'un Anglais, disent nos voisins d'outre-Manche, est un château fort. Chez eux, ce principe est considéré comme la base et le point de départ de toutes les libertés.

QUESTIONNAIRE. — Qu'est-ce que la liberté ? — L'égalité peut-elle exister sans la liberté ? — Quelles sont les limites de la liberté individuelle ? — Citez-en des exemples. — Quelle est, parmi les libertés, la première de toutes ? — (La liberté du domicile.) — Quelle était la condition du paysan en Russie sous le régime du servage ? — Jouissait-il de la liberté personnelle et de la liberté de posséder ? — Donnez des exemples de sa situation réelle. — Sous quel empereur russe le servage fut-il aboli ?

XI.

LE DROIT DE PROPRIÉTÉ.

— Vous êtes-vous jamais demandé, mes chers amis, d'où vient le droit de propriété? Pour rendre la réponse plus facile, je poserai la question sous une autre forme : Parmi vous tous ici présents, y a-t-il des propriétaires? Que celui qui peut répondre se lève.

Ici il y eut grand silence dans la classe. Chacun se regardait d'un air embarrassé ; puis regardait le maître, mais la réponse ne venait pas.

— Allons, reprit M. Bernard, il faut que je vous vienne en aide. Mon cher Nicolas Blandin, à qui sont les livres, les cahiers, les plumes dont vous vous servez?

Nicolas Blandin. — A moi, monsieur.

Le maitre. — Comment, à vous? vous les avez donc achetés?

Nicolas Blandin. — Non, monsieur, mes parents me les ont donnés, et c'est pour cela qu'ils sont bien à moi.

Le maitre. — Bien à vous, bien à vous; c'est selon. Qu'il vous prenne fantaisie de déchirer vos livres, ou simplement de les couvrir de taches, de façon à les rendre inutiles pour le travail ; ou encore que vous les perdiez par le fait de votre négligence: vos parents n'auraient-ils rien à dire?

Nicolas Blandin. — Ah! mais si. Je serais joliment grondé à la maison, et ma mère me dirait qu'elle n'a pas assez d'argent pour m'acheter tous les jours des livres.

Le maitre. — Vous voyez donc, Nicolas, que vous n'êtes pas tout à fait aussi propriétaire de tous ces objets que vous le croyez. Pourquoi cela ? c'est que vous êtes mineur ; vous n'avez pas atteint l'âge de vingt et un ans comme votre frère aîné. Et, cependant, vous êtes si bien propriétaire de vos livres, de vos cahiers, de tout ce qui sert à vos études, que si un de vos camarades se les appropriait, vous iriez droit à lui, vous lui feriez des reproches de sa conduite, et, s'il n'entendait pas raison, vous viendriez le dénoncer devant ses camarades que vous prendriez à témoin de votre légitime droit de propriétaire. Et moi, après avoir constaté le fait, je vous ferais rendre justice. Ainsi, vous êtes vraiment propriétaire, vous exercez votre droit, mais à un titre imparfait, comme votre personne est imparfaite, pourrait-on dire, au point de vue légal.

Mais quelle est l'origine de la propriété parfaite et du droit qui en résulte ? J'ai déjà touché indirectement à cette question en vous parlant des peuples pasteurs. Il est bon d'y revenir.

Dans une vaste région encore inhabitée, il y a de la place pour tout le monde. Alors, voici ce qui arrive : un petit peuple composé de quelques milliers d'individus vient s'établir, selon ses convenances, dans une partie quelconque de ce vaste territoire, où il vit de chasse et de pêche, cultivant la terre seulement en quantité suffisante pour se nourrir. Chacun se choisit une portion du sol, à peu près comme il veut. C'est ce qu'on appelle le droit du premier occupant.

Que d'autres peuplades viennent attaquer ces premiers possesseurs, que des voisins incommodes et pillards leur fassent tort dans la possession de leurs propriétés, ces braves gens se grouperont pour repousser les assaillants et défendre leurs biens. Ils formeront ainsi une confédération en miniature. En d'autres occasions, au lieu de procéder à l'établissement d'un gouvernement par l'élection, ils reconnaîtront pour chef héréditaire un homme vaillant. Alors, c'est une petite monarchie qui se fonde. Mais l'origine de la propriété individuelle est toujours la même : elle est basée sur le droit du premier occupant chez un peuple naissant.

Dans une société plus avancée et bien réglée, il ne s'agit plus, bien entendu, de se battre pour défendre sa propriété et pour la transmettre à ses enfants. On la transmet tout simplement par *héritage*, ou par *donation*, ou par *échange*, c'est-à-dire qu'on la reçoit ou en don, ou par droit naturel après la mort de ses parents. Quant à la question du mode de partage entre les enfants d'un même père, cela dépend uniquement des lois et des usages particuliers à chaque peuple. Nous n'avons pas ici à nous en occuper. Je dois seulement vous rappeler qu'en France, depuis la Révolution, la fortune des parents est partagée également entre tous les enfants. Je puis même ajouter que le partage égal existait déjà auparavant comme coutume dans certaines parties du pays.

Mais le droit de propriété ne consiste pas seulement dans la possession légitime d'une terre ou d'un capital en argent. On est propriétaire aussi de sa personne et, par conséquent, de ses facultés, dont on peut disposer selon sa libre volonté. Du reste, autrefois, la propriété individuelle existait comme aujourd'hui, mais avec d'autres formes et sous d'autres conditions, inutiles pour nous à étudier.

En tout cas, le libre exercice du droit de propriété est partout quelque chose de si important pour une société civilisée qu'il y a des magistrats et des fonctionnaires spéciaux chargés de le protéger et de rédiger les actes concernant les héritages ou les acquisitions territoriales. Les notaires, par exemple, figurent au premier rang parmi les fonctionnaires de ce genre. Enfin, la société entière veille à ce que tout se passe régulièrement, quand il s'agit de la propriété particulière de chaque citoyen. La force armée, les tribunaux s'uniraient pour punir celui qui voudrait attaquer l'exercice de ce droit, tellement on le regarde comme le fondement même de toute société et de toute civilisation.

QUESTIONNAIRE. — Quelle est l'origine de la propriété? — Différences entre la propriété imparfaite et la propriété parfaite. — Exemple : les mineurs ne jouissent de leur propriété qu'à titre imparfait. — Modes de transmission de la propriété. — Du partage égal ; existait-il chez nous avant 1789? — Quels sont les principaux fonctionnaires chargés de protéger la propriété?

XII

LA LIBERTÉ DU TRAVAIL

Tous, tant que vous êtes ici, quand vous quitterez l'école, vous apprendrez un métier que vous devrez être ensuite parfaitement libres d'exercer selon que vous l'entendrez, comme ouvriers, laboureurs, patrons ou artisans : voilà la règle ; voilà la loi dans nos sociétés modernes.

Cependant je vous signalerai d'abord, comme un fait historique, qu'aucune société ne commence par établir la liberté du travail. Pour ne parler que de la France, voici ce qui s'y est passé dans les temps d'autrefois :

Lorsque je vous ai fait connaître la Féodalité, j'ai eu soin de vous parler des violences et des actes arbitraires que commettaient souvent envers les faibles les hommes forts, c'est-à-dire les batailleurs par excellence. Ils étaient rudes envers eux-mêmes ; et plus encore envers les autres. Or, dans ces temps, les artisans, les laboureurs, les marchands étaient des faibles occupés à gagner péniblement leur vie. Ils songeaient peu à se battre, mais beaucoup à trouver un protecteur pour les défendre contre de plus puissants. Toutefois, malgré cette protection, ils étaient encore l'objet de bien des avanies. Dès lors, ils furent portés à s'associer pour repousser en commun les injustices dont ils pouvaient être les victimes. Peu à peu il se forma, par la force des choses, ce qu'on a appelé des corporations d'ouvriers, de laboureurs et de marchands, qui obtinrent, de leurs seigneurs respectifs, des droits ou privilèges leur assurant la liberté du travail. Mais cette liberté était très restreinte ; et de plus, ces droits ou privilèges étaient fréquemment violés. En outre, les classes laborieuses se jalousaient entre elles et, d'une ville à l'autre, on se regardait presque comme ennemis. Ainsi le forgeron prétendait empêcher le serrurier de forger le fer, et le charron aurait trouvé fort mal que le charpentier se mêlât de fabriquer des voitures ou des charrues. C'était insensé sans doute ; car enfin ces braves gens avaient des intérêts communs à défendre. Mais l'homme fait souvent des sottises, et vous me le prouvez bien, mes amis, vous qui me donnez parfois tant de peine à vous gouverner.

En dépit de ces rivalités de corporation à corporation, ce genre d'association continua d'exister et même de grandir pendant le moyen âge. Voici alors ce qui arriva : comme toujours, le travail et surtout l'association du travail engendrèrent la richesse, et, avec la richesse, la puissance. Dans les grandes municipalités de la Belgique, qu'on appelait alors les Flandres, les corporations marchandes tinrent plus d'une fois tête aux rois, et, à l'autre extrémité de l'Europe, en Italie, elles finirent par fonder de florissantes républiques. Mais, comme les dissensions intestines s'accrurent hors de toute mesure et devinrent à la longue de véritables fléaux publics, on finit par se battre de métier à métier, de même qu'on se battait d'homme à homme.

Il fallut donc que le pouvoir intervînt; et, en France, saint Louis se rendit célèbre par les règlements qu'il imposa aux divers métiers, grâce à l'intelligent intermédiaire de son prévôt des marchands, Etienne Boilesve ou Boileau.

Ce fameux code de lois ou plutôt ces règlements restèrent la base de notre organisation industrielle pendant de longs siècles, et continuèrent de régir les classes laborieuses avec des modifications profondes jusqu'à la veille de la Révolution française. Avec les siècles aussi, de grands abus étaient nés de cet état de choses, et à la fin du dix-huitième siècle, ce régime appelait des réformes urgentes. La Révolution les opéra, mais, ici comme ailleurs, taillant dans le vif. Sous prétexte de réformes, elle fit un changement radical. Par exemple, elle déclara le travail absolument libre et abolit du coup toutes les corporations.

Désormais donc, l'ouvrier et le patron restèrent indépendants l'un de l'autre, n'étant attachés par aucun lien réciproque, sinon celui de l'intérêt. L'ouvrier devint libre, mais il devint aussi isolé vis-à-vis du patron et ne put désormais compter sur l'appui d'aucune association. Bien des malheurs sont sortis de cette situation nouvelle, malheurs auxquels des hommes éminents et dévoués cherchent en ce moment même un remède, en rétablissant les *Associations ouvrières* sous l'inspiration de la foi chrétienne.

Avant de terminer ces notions élémentaires sur les droits dont jouissent les citoyens sous un régime de liberté, résumons en quelques mots les bienfaits que ce régime confère. La loi protège la propriété, le travail, la personne, le domicile, la conscience, c'est-à-dire les croyances religieuses, et la vie. Si quelqu'un la menace ou l'attaque, la société elle-même se lève alors, par l'intermédiaire des tribunaux, pour défendre votre droit lésé. La société va plus loin : Si votre réputation est compromise par la calomnie, si vous êtes diffamé, elle vous donne le droit, vous individu, de traîner votre diffamateur devant des juges pour le faire condamner et faire constater votre honorabilité. C'est un beau droit, celui-là ; car l'honnête homme ne tient à rien au monde autant qu'à la pureté de sa réputation.

Tel est l'ensemble des droits civils que vous assure la société. Mais dans le cas où vous violeriez vous-même la loi, elle se retournerait naturellement contre vous. Et, quand je dis la société, j'entends la patrie ; car, ici, c'est tout un, ne l'oubliez jamais.

QUESTIONNAIRE. — Qu'entend-on par la liberté du travail ? — Comment s'organise le travail à l'origine des sociétés ? — Quelle fut l'organisation du travail dans le moyen âge ? — Qu'entend-on par corporation ou maîtrise? — Quelle fut la puissance de certaines corporations en Flandre et en Italie? — Quels abus sortirent de ce régime? — A quelle époque et par qui furent abolies les corporations ouvrières? — Par quel régime nouveau furent-elles remplacées?

XIII

DEVOIRS ENVERS LA PATRIE
LE SERVICE MILITAIRE

Quand on parle de droits civils, il faut toujours sous-entendre des devoirs correspondants; l'un ne va jamais sans l'autre. Mais, me direz-vous, nous autres, écoliers, nous ne sommes pas encore citoyens. Quels devoirs pouvons-nous avoir à remplir envers la patrie?

Eh bien! moi, je vous dis que vous en avez et même de graves. Plus vous jouirez de droits étendus, une fois parvenus à l'âge d'homme, et plus vous devez chercher à comprendre dès aujourd'hui l'esprit des devoirs auxquels vous serez assujettis. Or quel est le moyen d'arriver à cette compréhension, si ce n'est en acquérant, de bonne heure, une instruction sérieuse et solide? C'est pour cela que vos parents vous envoient à l'école; et c'est pour vous la donner que je suis assis à cette place. D'un autre côté, ne croyez-vous pas aussi qu'un enfant fainéant, désordonné dans sa conduite, sera fort mal préparé à devenir un bon citoyen? ignorant, il le sera; vicieux, il le sera. Que voulez-vous qu'il devienne, si ce n'est la dupe d'une foule de gens intrigants de bas étage, politiques manqués, empressés à le tromper, afin de profiter de son ignorance ?

Donc, mes amis, vous avez des devoirs à remplir non seulement vis-à-vis de vos familles en cherchant à vous munir d'une instruction sérieuse, mais encore vis-à-vis de la société qui vous donne d'ores et déjà les moyens d'acquérir cette instruction.

Passons actuellement à un autre sujet.

Quand vous aurez atteint l'âge de vingt ans et terminé, pour la plupart, votre apprentissage, vous vous trouverez soumis au service militaire.

En France, aujourd'hui, tout le monde est obligé de servir la patrie sous les drapeaux. Cela veut dire que, chaque année, on appelle les jeunes gens arrivés à l'âge de vingt ans et qu'on les incorpore dans l'armée. Mais qui choisit-on pour le service et comment choisit-on ? Il n'y a pas à choisir dans l'affaire : c'est le sort qui en décide. Plusieurs d'entre vous peuvent se rappeler l'arrivée du sous-préfet à Beaumont, pour présider au tirage au sort. Alors, tous les jeunes gens ayant atteint l'âge légal, dans notre canton, tiraient un numéro : les uns, un bon, qui abrégeait leur temps de service ; les autres, un mauvais, comme ils disaient, qui les obligeait à rester cinq ans à l'armée.

Ces mots de *bons* ou *mauvais* numéros sont-ils justes ? Non. Servir la patrie est toujours un honneur et souvent une nécessité. Supposons, par impossible, que la France n'ait point d'armée. Quel en serait le résultat ? N'importe quel voisin ambitieux pourrait en profiter pour l'attaquer. Comment se défendrait-elle contre cette agression ? Ou encore : si la population française n'était pas suffisamment préparée au maniement des armes et aux manœuvres de la guerre, comment repousserait-elle les attaques d'un étranger qui s'y serait préparé depuis longtemps? Je dis *longtemps*, parce que, de nos jours, la guerre est devenue une science terrible, grâce aux engins nouveaux qui détruisent à la fois des bataillons entiers. Il faut donc des armées nombreuses et longuement disciplinées pour répondre à des besoins nouveaux. Sans doute, on a vu des temps, comme en 1792, où des nations, poussées par un patriotisme ardent, se sont soulevées en masse pour anéantir l'envahisseur. La Révolution française en a donné plus d'un exemple. Mais le plus sûr est de ne pas compter sur ces dévouements extraordinaires. Et voilà pourquoi chacun de nous est obligé de passer au moins quelque temps sous les armes.

Rentré dans ses foyers, le jeune soldat sert encore quatre ans dans la réserve de l'armée active, où il est appelé à exécuter à deux reprises pendant *vingt-huit jours*, de grandes manœuvres qui l'empêcheront d'oublier ce qu'il a appris. Au bout de ces quatre ans il est inscrit dans l'armée territoriale, qui l'astreint à *treize jours* de service tous les deux ans.

Tels sont, en peu de mots, et l'organisation de notre puissance militaire en temps de paix, et le service qu'on exige de tout Français entre vingt et quarante ans. Je dis *en temps de paix*, car, en temps de guerre, tout le monde devrait courir aux armes : les uns, pour faire face à l'ennemi aux frontières ; la réserve territoriale, pour défendre les places fortes ; tous enfin, pour conserver cette patrie qui leur assure tant de liberté et qui compte tant de pages glorieuses dans son histoire.

Donc, en réalité, le service militaire est diviséen

quatre périodes : pendant la première, l'homme appartient à l'armée active, où il passe cinq ans; pendant la seconde, qui est de quatre ans, il fait partie de la réserve de l'armée active ; pendant la troisième il devient membre de l'armée territoriale pour cinq ans. Enfin dans la quatrième et dernière il forme la réserve de l'armée territoriale. Total, vingt ans. Au fond, le service dans l'armée active est le seul effectif. En temps de paix, en effet, les vingt-huit jours des réservistes et les treize jours des territoriaux sont considérés par beaucoup de gens comme une partie de plaisir plutôt que comme un fardeau pénible.

Quel est le but de cette organisation? C'est d'habituer les hommes à connaître leurs officiers, à ne pas oublier ce qu'ils ont appris autrefois au régiment, le maniement des armes, les manœuvres, la discipline, toutes choses essentielles en temps de guerre.

Mais j'aperçois là-bas Noël Letourneur, qui veut me demander quelque chose. Qu'est-ce donc, Noël?

— Monsieur, fit celui-ci, j'ai bien compris tout ce que vous nous avez dit sur le service militaire, mais voici ce qui m'embarrasse. Comment s'y prend-on, sans blesser la justice, pour imposer cinq ans de service aux uns et un an aux autres?

— On a encore recours au sort, repartit M. Bernard: ceux qui tirent les *bons* numéros du contingent annuel ne servent qu'une seule année. Mais vienne la guerre, ils sont rappelés sous les drapeaux, comme tout le monde. Le sort décidant, personne n'a le droit de se plaindre d'une injustice.

— C'est vrai, ça, dit Noël; mais il y en a encore d'autres qui ne servent qu'un an, et, à ce qu'on m'a dit, on les appelle les volontaires ou les *quinze cents*. Pourquoi donc cela?

— Je m'attendais à cette question, qui me permet de vous donner quelques explications de plus.

Il existe dans l'armée ce qu'on appelle l'*engagement*, c'est-à-dire un acte par lequel on prend volontairement l'obligation de servir sous les drapeaux.

Il y a même plusieurs sortes d'engagements : d'abord, en temps de guerre, l'engagement pour la durée de la guerre, que contractent les hommes ayant satisfait au service actif et à la réserve de ce service, ou ceux qui n'ont pas atteint l'âge de vingt ans.

Puis, en temps de paix, nous avons l'engagement de cinq ans et l'engagement conditionnel d'un an. Pour contracter ces engagements, il faut remplir certaines conditions : avoir dix-huit ans au moins, une taille de un mètre cinquante-quatre centimètres, être sain, robuste et bien constitué, jouir de ses droits civils; n'être ni marié ni veuf avec enfants; savoir lire et écrire.

Mais, me demanderez-vous, quel intérêt peut-on avoir à s'engager, le service étant obligatoire pour tous? On peut vouloir devancer l'appel, pour être libéré plus tôt du service. Et c'est ici qu'il est bon de vous dire deux mots du volontariat d'un an, comme on l'appelle d'ordinaire.

Pourquoi a-t-on fait cette exception en faveur d'un certain nombre de jeunes gens qui appartiennent généralement aux classes aisées? La raison en est bien simple. La très grande majorité de ces volontaires se destine à ce que nous appelons les *professions libérales* : celui-ci veut devenir médecin, celui-là avocat, un troisième veut aborder les fonctions publiques d'un accès difficile. Or les études préparatoires à ces diverses professions sont longues et coûteuses ; l'on ne peut y arriver qu'après des examens sérieux ; pour n'en citer qu'un seul exemple, un bon médecin ne parvient à son but qu'au bout de sept ou huit ans de préparation ardue, et alors même il lui faut encore des années pour se former une clientèle. Si donc il lui fallait préalablement passer cinq ans sous les drapeaux, ce long noviciat lui imposerait de lourdes charges et de grandes difficultés, et lui rendrait souvent impossible la carrière pour laquelle il se sent une certaine vocation. L'État a donc raison d'abréger pour lui la durée du service militaire ; en lui accordant une faveur apparente, il accomplit de même un acte de justice dont personne n'a le droit de se plaindre en faisant payer cette exception aux familles.

Ajoutons que le paysan à son aise peut, s'il le veut, profiter de cette disposition de la loi tout aussi bien que le propriétaire trois ou quatre fois millionnaire.

Encore deux exceptions qui, au fond, n'en sont pas une. Vous avez tous entendu parler de l'École Polytechnique, de l'École de Saint-Cyr et de l'École Navale. Ces trois écoles ont été fondées pour préparer de bons officiers, destinés à servir dans l'armée de terre ou de mer. Pour y arriver, les jeunes candidats sont soumis à de longues et pénibles études, qui sont comme la sanction de l'admission à l'un ou à l'autre de ces établissements. De plus, pendant les deux ans que les élèves passent à l'école, leurs parents sont obligés de payer une pension souvent assez lourde pour ceux qui ont une nombreuse famille. Vous le voyez, là encore il n'y a nulle faveur : c'est une mesure qui profite à la fois à l'armée et à l'État. Du reste il n'y a presque pas de nations, qui ne forment et n'entretiennent ainsi une pépinière de bons officiers.

Voilà, mes amis, tout ce qu'il vous est nécessaire de savoir sur le service militaire. Je suis même entré, peut-être, en de trop longs détails à ce sujet. Mais après tout, il vous est utile de connaître et d'apprécier ce qui concerne cette partie de nos devoirs publics, ne fût-ce que pour vous mettre à même de juger sainement de choses sur lesquelles beaucoup de personnes portent un jugement erroné.

QUESTIONNAIRE. — Vis-à-vis de chaque droit civil n'y a-t-il pas un devoir ? — Comment les enfants doivent-ils se préparer à l'accomplissement de ce devoir ? — Parmi les principaux devoirs du citoyen envers la patrie, il faut placer le service militaire. — Tout le monde est-il astreint en France au service militaire ? — Qu'appelle-t-on tirage au sort ? — Quel est le but de cette opération ? — Pourquoi est-il nécessaire actuellement d'avoir toujours une armée nombreuse et bien préparée à toutes les exigences de la guerre ? — A quel âge commence pour le Français l'obligation du service militaire ? à quel âge prend-elle fin ? — En combien de périodes divise-t-on le service militaire, comment les nomme-t-on ? quelle est la durée de chacune d'elles ? — N'y a-t-il pas des exceptions à ces lois ? — Qu'entend-on par volontariat d'un an ? — Quelle est son utilité ? — Qu'est-ce que l'École polytechnique ? l'École de Saint-Cyr ? l'École navale ? Qu'y fait-on ?

Faire faire une rédaction sur l'organisation du service militaire.

QUATRIÈME PARTIE

LA SOCIÉTÉ POLITIQUE

I

LA COMMUNE

— Quel est le nom de la commune que vous habitez? demanda M. Bernard en montant dans sa chaire.

— Beaumont-sur-Aire, répondirent en chœur les enfants.

— Et le chef-lieu de canton?
— Clermont!
— Et le chef-lieu d'arrondissement?
— Verdun!
— Et celui du département?
— Bar-le-Duc!
— Et le département lui-même?
— La Meuse!
— Enfin dans quelle province de l'ancienne France se trouve ce département?
— Dans la Lorraine!

— Très bien, répondit le maître, je m'attendais à vos réponses précises. Mais, si maintenant je vous demande qu'est-ce qu'une commune, vous ne serez pas aussi sûrs de votre fait.

Effectivement, il y eut un silence et l'instituteur continua :

— La forme et l'administration actuelle de nos communes françaises sont dues à la Révolution. Cela ne signifie pas toutefois que dans l'ancienne France il n'y eût pas de communes ou de *communautés*, comme on les appelait alors. Un mot seulement sur cette vieille organisation qui remonte aux premiers temps de notre histoire.

Autrefois, dans le moyen âge et jusque dans le dernier siècle, on distinguait essentiellement la *ville* du *village*. Les villes formaient trois catégories : les municipalités d'origine romaine situées en grande partie au sud de la Loire, et rayonnant jusqu'aux rivages de la Méditerranée, municipalités qui constituaient très souvent de petits États indépendants, à forme républicaine et qui plus tard devinrent plus ou moins vassales des seigneurs féodaux. A côté de ces municipalités, telles que Lyon, Bordeaux, Toulouse, Montpellier, Marseille, s'élevèrent des villes prévôtales, administrées par un *prévôt* du roi ou du seigneur et généralement munies de privilèges (1) ou de chartes obtenus tantôt par la force, tantôt à titre de concession gracieuse. Troisièmement enfin, venait la commune proprement dite, n'ayant point de privilèges, ou bien

(1) Au moyen âge, dans toute l'Europe féodale, le mot *privilèges* était synonyme de *droits*, mais il impliquait en même temps l'idée de droits exceptionnels.

conservant seulement le souvenir d'anciens privilèges violés par le seigneur féodal.

Voilà donc, en somme, quelle était, dans l'origine, l'organisation communale de la vieille France. N'oublions pas cependant que, dans les onzième et douzième siècles, il y eut un grand mouvement qui donna la liberté municipale à beaucoup de villes. Mais, avec le temps, les choses avaient singulièrement changé. Quand, au quinzième siècle, c'est-à-dire à la fin du moyen âge, le pouvoir royal s'était étendu sur toute la France, les municipalités indépendantes avaient à peu près disparu, pour se confondre dans les villes *privilégiées* : les unes et les autres finirent par passer sous l'administration gouvernementale, qui, par l'intermédiaire des intendants provinciaux, avait la haute main sur l'administration communale.

Quant au *village*, c'était, au début, une communauté qui ne possédait aucun droit ni privilège, aucun magistrat propre, qui s'administrait sous l'autorité du seigneur local ; et cependant cette communauté avait déjà des biens et des intérêts communs, que les villageois discutaient et régissaient souvent dans un esprit essentiellement démocratique. Il ne faut pas s'en étonner, mes enfants, car le vote de l'impôt par les intéressés était un des points fondamentaux du régime féodal. Mais, en fin de compte, privilèges et droits disparurent sous l'autorité de l'intendant de la province, dont les pouvoirs ressemblaient, à quelques égards, à ceux de nos préfets, mais dans des proportions beaucoup plus étendues.

Voilà quelle était, en France, l'organisation communale avant 1789. Quels changements furent alors opérés dans ce régime ? C'est ce qui me reste à vous dire.

Deux lois, l'une de 1789, l'autre de 1790, édictèrent, c'est-à-dire ordonnèrent que chaque commune serait administrée : 1° par un maire ; 2° par un *procureur-syndic;* 3° par un *conseil municipal*, plus ou moins nombreux, selon le chiffre de la population à laquelle on avait affaire. Ce conseil se divisait de plus en *bureaux*, chargés de l'exécution des mesures adoptées, et en *conseil* auquel incombait la discussion de ces mêmes mesures. Voilà pour les affaires ordinaires, mais, dans les questions importantes, on appelait au conseil un certain nombre de notables s'élevant au double du chiffre légal, et tous ensemble formaient alors le *conseil général* de la commune. C'est l'origine de ce qu'on nomme aujourd'hui l'adjonction des plus imposés, lesquels, par indépendance de position ou simplement par leur esprit de sagesse, ont souvent rendu de grands services à nos diverses communes. Malheureusement, on vient de les supprimer.

En l'an III de la République (1795), on introduit une nouvelle modification ; les communes dont la population s'élève à cinq mille habitants, se groupent en *municipalités de canton ;* ces communes-là élisent un agent municipal (sorte de maire) et un adjoint ; les conseils eux-mêmes se réunissent au chef-lieu de canton et délibèrent sur les intérêts de la municipalité cantonale ; mais à côté d'eux on a eu soin de placer un commissaire spécial du Directoire exécutif, chargé, lui, d'assurer l'exécution des lois.

A vrai dire, l'indépendance des communes n'était guère plus grande qu'autrefois ; seulement le pouvoir avait passé en d'autres mains.

En l'an VIII (1800), nouvelle transformation, plus

favorable à l'indépendance relative de la commune : désormais celle-ci est régie par un maire, auprès duquel on place un ou plusieurs adjoints, selon l'importance de la population, et un conseil municipal : l'élection était la base de cette organisation ; toutefois un peu plus tard celle-ci changea de nouveau, et les maires furent pour la plupart nommés par le gouvernement central : cet état de choses continua de subsister jusqu'à l'année 1831.

QUESTIONNAIRE. — A quelle date remonte l'organisation actuelle de la commune ? — N'y avait-il pas au moyen âge des catégories bien distinctes parmi les villes de France ? — Quelles étaient ces catégories et quelles différences les séparaient ? — Dans quel siècle toutes ces distinctions ont-elles disparu, confondues sous l'administration d'un pouvoir central (la Royauté) pour former l'unité française ? — Qu'étaient jadis les intendants provinciaux ? — De quelle organisation nouvelle furent dotées les communes, par les lois de 1789 et 1790 ? — En 1795 ? — En 1800 ?

II

ORGANISATION ET ATTRIBUTIONS DU CONSEIL MUNICIPAL

— Je vous ai dit qu'il y a un conseil municipal, chargé de discuter et de défendre les intérêts de la commune. Mais tous les habitants d'une commune grande ou petite ont, eux aussi, un intérêt égal à connaître et à débattre ces affaires communales : car, enfin, ils ont tous les mêmes droits et il leur importe beaucoup de ne pas avoir à payer plus qu'il n'est juste de leur part d'impôts. Comment faire alors ? En effet, d'après les lois françaises, chaque citoyen a le droit de voter en vertu du suffrage universel.

Ici, Nicolas Blandin demanda ce qu'il fallait entendre par le suffrage universel.

— J'allais vous le dire, ami Blandin, repartit M. Bernard. Cela signifie qu'en principe tout Français remplissant certaines conditions d'âge et de domicile, et ne s'étant rendu coupable d'aucun délit ou crime, concourt à l'élection, c'est-à-dire au choix des conseillers municipaux.

— Mais pourquoi les choisit-on, puisque chaque citoyen a le droit d'exprimer son opinion sur les intérêts communaux ?

— Imaginez tous les habitants d'une commune, réunis sur la place publique pour exprimer leur opinion personnelle. Ce serait bientôt une véritable tour de Babel, et l'on ne saurait auquel entendre ; absolument comme si je vous formais tous ici en assemblée délibérante pour vous demander votre avis sur une question de devoir ou de travail quelconque.

Donc il a fallu avoir recours à un autre moyen. A un jour fixé d'avance, chaque membre de nos communes, se rend à la mairie pour voter au scrutin (1) secret et choisir parmi ceux qui lui paraissent les plus capables et les plus dignes de bien diriger les affaires de la commune.

---

(1) Scrutin vient du latin *scrutinium* qui signifie action de fouiller, de sonder, d'approfondir. L'étymologie primitive est *scruto* ou *scrutor*, signifiant rechercher soigneusement ou scruter. Dans le sens où le terme *scrutin* est employé ici, il exprime la manière dont les assemblées, les compagnies donnent leurs suffrages secrets dans les élections ou dans les délibérations, soit par billets pliés, soit par petites boules.

Le nombre de ces officiers municipaux varie selon la population. Il ne peut être moindre que 10, ni plus que 36, excepté à Paris où le conseil municipal compte 80 membres, choisis dans les 20 arrondissements de la capitale. De plus, ils ne sont nommés que pour trois ans. Car enfin, si, parmi les élus, il s'en montrait d'incapables ou de négligents, à l'expiration de ce terme une nouvelle élection en débarrasserait la commune.

Quand une fois l'élection est faite, il faut encore qu'elle soit validée par le préfet, qui représente toujours l'État dans cette question comme dans bien d'autres cas.

Il me resterait encore beaucoup à vous dire sur le conseil municipal, mais ce sera pour plus tard. Je ne veux qu'ajouter quelques mots sur ses attributions.

De concert avec le maire et les adjoints, il administre les biens de la commune. La commune a donc des biens? me direz-vous. Oui, absolument comme une personne et c'est pour cela que la loi l'a appelée une personne *morale*. Une commune peut posséder des terres, des bois, des rentes sur l'Etat. De plus, elle peut lever des impôts locaux pour construire une belle école comme la vôtre, une église ou une mairie; pour entretenir les chemins vicinaux, pour venir en aide aux malheureux par le bureau de bienfaisance; pour payer le garde-champêtre, l'instituteur, M. le curé; pour réprimer le vagabondage et les malfaiteurs.

Eh bien, tous ces intérêts sont discutés d'avance par le conseil municipal, qui chaque année délibère sur ce qu'on appelle le budget communal, et pas un sou de cet argent levé sur chaque citoyen en proportion de ses ressources ne peut être employé à d'autres fins qu'avec l'assentiment formel du conseil municipal tout entier.

Il y a des communes riches et il y a des communes pauvres; celles-ci sont beaucoup plus nombreuses que les premières. Aussi arrive-t-il souvent que l'État est obligé de leur venir en aide par des *subventions*, c'est-à-dire par des dons ou des prêts en argent.

En voilà assez, mes amis, sur les attributions du conseil municipal: nous parlerons une autre fois du maire et des adjoints.

QUESTIONNAIRE. — Tous les habitants ont-ils intérêt à ce que les affaires de la commune soient bien administrées? — Qu'est-ce que le suffrage universel? — Expliquez la nécessité des élections. — Quel est le nombre le plus élevé des conseillers municipaux dans une commune? Quel est le moins élevé? — N'y a-t-il pas une exception? — Pour combien de temps sont élus les conseillers municipaux? — Pourquoi restent-ils si peu de temps en fonctions? — Le conseil municipal administre les biens de la commune; une commune a donc des biens? En vertu de quel principe (personne *morale*)? — En quoi consistent ces biens? — Quelle est la nécessité des impôts locaux? — Est-ce que toutes les communes sont également riches? — Qu'est-ce qu'une subvention?

III

LA MAIRIE

Louis, élève de M. Bernard, est un gentil garçon, intelligent, docile, appliqué. Son grand-père l'aime beaucoup et vient souvent le prendre à la sortie de l'école pour faire une petite promenade et une petite causerie, comme il dit, causerie du reste toujours intéressante et le plus souvent provoquée par les questions de l'enfant ; car le petit Louis a une grande qualité : il aime à savoir et n'épargne pas les questions. Un jour se trouvant devant la Mairie, l'enfant dit tout à coup :

— Grand-père, voilà un bâtiment devant lequel je passe à peu près régulièrement quatre fois par jour ; tout en haut flotte le drapeau national, et au-dessous je lis en grandes lettres : MAIRIE. Or j'y vois toujours entrer et sortir du monde. Quelquefois c'est un nouveau-né qu'on y apporte, escorté de son père et de deux témoins. D'autres fois, c'est une noce, violon en tête, avec tout plein de curieux à la suite. Je voudrais bien savoir ce que c'est qu'une mairie et ce qu'on y fait.

— La Mairie, mon enfant, autrement et justement appelée la *maison communale*, est le lieu où se concentrent tous les intérêts, tous les actes les plus importants de notre vie civile et politique, depuis notre naissance jusqu'à notre mort.

Quand tu es né, on t'a porté à la mairie, comme un de ces petits enfants que tu y vois souvent entrer sur les bras d'une femme. Le père qui l'accompagne vient déclarer sa naissance, et les témoins qu'il amène avec lui certifient l'exactitude de sa déclaration. Tous les trois signent sur un *registre* tenu par le secrétaire de la mairie, registre sur lequel il a inscrit l'heure, le jour, le lieu de naissance, les noms et prénoms de l'enfant. Le secrétaire donne lecture de l'acte de naissance, au bas duquel le maire appose aussi sa signature, et désormais ce petit enfant, tout à fait inconscient de ce qui vient de se passer, devra recourir à cet acte, s'en faire délivrer copie, quand il aura besoin d'établir son *état civil*, c'est-à-dire de faire connaître son âge exact, sa famille, son lieu de naissance et sa qualité de Français.

— Ah! je comprends maintenant ce que c'est qu'un acte et un extrait de naissance. Mais, grand-père, qu'est-ce qu'on entend par faire *légaliser* cet extrait?

— On entend que le maire, après l'avoir comparé soigneusement avec le registre, le certifiera conforme à l'*original*, signera et y apposera le sceau de la commune.

Ce n'est pas tout encore; afin d'entourer ce document de toutes les garanties, on doit le soumettre à l'examen du juge de paix du canton ou du président du tribunal qui, à son tour, certifie authentique la signature du maire et la *légalise* en apposant au bas son nom propre et le sceau du tribunal.

— Oh! grand-père, que d'écritures pour certifier que je suis né!

— Sans doute, mais aussi, grâce à elles, tu peux établir ton identité, réclamer la protection des lois partout et toujours.... C'est un grand point. Pourtant, dis-moi, ne vois-tu rien de plus pour ce petit enfant?

— Certes, grand-père, je vois qu'on le porte à l'église pour y recevoir le baptême.

— Sans doute, et par ce sacrement il entre dans la grande famille chrétienne, il devient catholique, enfant de Dieu et de l'Église, comme te l'enseigne ton catéchisme.

— Oui, grand-père, je le sais, j'en suis heureux, et j'espère bien ne l'oublier jamais. Mais à présent que je sais pourquoi le petit enfant est apporté à la

Mairie, je voudrais savoir aussi ce que les noces viennent y faire.

— A peu près la même chose, avec cette différence que les intéressés connaissent l'importance de l'acte qu'ils vont signer, tandis que l'enfant l'ignore.

Par exemple, voilà ton frère aîné, Jean, qui dans quinze jours va épouser Julie, la fille de votre oncle Mathurin. Eh bien! pour cela, il se rendra à la Mairie avec sa fiancée, ses parents, ses témoins, ses amis. Il y trouvera un registre, celui des mariages, cette fois, sur lequel le secrétaire inscrira la date précise et le lieu du mariage. M. le maire, ceint de son écharpe, après avoir constaté que les formalités prescrites par la loi ont été remplies et lu les articles 212, 213, 214 du Code civil, qui énumèrent les devoirs des époux, demandera aux deux futurs s'ils consentent à prendre l'un pour épouse, l'autre pour époux, les deux personnes présentes, qu'il désigne par leurs noms et prénoms. Sur leur réponse affirmative, il les déclare *unis par le mariage*. C'est alors que le secrétaire de la mairie constate le fait sur un registre spécial. C'est encore à la Mairie qu'on est tenu de faire les déclarations de décès quand on a le malheur de perdre un des siens.

Ici le grand-père de Louis s'arrêta un instant, comme pour réfléchir, mais bientôt il reprit d'un ton plus grave qu'auparavant : — Mon bien cher enfant, écoute mes paroles et surtout tâche de les retenir. Jusqu'ici je n'ai parlé du mariage que comme d'un acte civil qui doit être accompli devant le maire : ainsi le veut la loi. Toujours, d'après cette même loi française, l'acte civil précède la célébration du mariage religieux. Les personnes qui ne se marieraient pas à la Mairie ne jouiraient pas des droits que la loi civile confère aux époux et ne pourraient pas les transmettre à leurs enfants par héritage. Il faut donc aller à la mairie; mais quand on en revient, si l'on est censé marié devant la Loi, on n'est pas encore marié aux yeux de Dieu. C'est le mariage religieux qui constitue entre chrétiens l'union légitime de l'homme et de la femme; car cette union est devenue par l'institution de Jésus-Christ, un sacrement qui confère la grâce, et à cause de cela elle doit être célébrée conformément aux lois de l'Église et à ses rites.

Eh bien, je te le répète encore, rappelle-toi toujours mes paroles de ce moment. Il n'y a presque que la nation française, dans l'Europe chrétienne, où les choses se passent de cette façon (1); partout ailleurs, une pareille distinction entre le mariage religieux et le mariage civil n'existe pas, ou plutôt les deux actes se confondent en un acte unique. A cet égard, protestants anglais ou allemands, schismatiques russes sont unanimes.

Pourquoi? C'est que les autres peuples regardent le mariage, avant tout, comme une institution divine. Pourquoi encore? C'est que Dieu lui-même l'a établi dans le paradis terrestre, où ayant formé Ève et l'ayant amenée à Adam, il les bénit tous deux et leur dit : « Croissez et multipliez. » De plus, Notre-Seigneur Jésus-Christ, qui a rendu le mariage encore plus

---

(1) L'Italie a suivi récemment l'exemple de la France; mais elle a laissé aux fiancés la liberté de célébrer le mariage religieux avant ou après l'acte civil : ce système a certains avantages sur le nôtre; il s'écarte moins des vrais principes, en ce qu'il ne fait pas un délit du mariage religieux célébré seul; mais il a de graves inconvénients pratiques, surtout pour la femme.

sacré en en faisant un sacrement, a voulu qu'il fût tout à fait indissoluble. Il a condamné le divorce, et c'est lui qui a dit : « L'homme ne doit point séparer ce que Dieu a uni. » Tu concevras facilement qu'après de tels faits et de telles paroles, les anciens Juifs aient considéré le mariage comme un acte non moins religieux que naturel, et que les chrétiens l'entourent encore d'un plus grand respect. Les bons chrétiens se marient à la Mairie pour obéir à la Loi, et ils se marient à l'église pour obéir à leur conscience et à Dieu. Aussi rien ne pourrait les en dispenser.

La première révolution de 1789 se distingua surtout par sa haine contre l'Église catholique. Aussi l'un de ses premiers actes fut-il d'abolir le mariage religieux. Pendant la persécution de cette époque, ce sacrement, comme tous les autres, était conféré en secret et non sans danger réel ; mais, lorsque la liberté des cultes fut rétablie, on put se marier publiquement devant l'Église. Néanmoins, la loi française continue de prescrire l'antériorité de la célébration du mariage devant le maire.

Tout ce que venait de dire le grand-père de Louis parut le frapper vivement, et il marcha quelque temps en silence auprès du vieillard, qui l'observait avec attention. Cependant, au bout d'un moment, il reprit :

— Mais, grand-père, est-ce que M. le maire n'a pas autre chose à faire que de recevoir les déclarations de naissance, de mariage et de décès?

— Oh ! que si, mon ami, et ses autres obligations ont aussi leur importance. Par exemple, il nomme les employés de la commune, le secrétaire de la mairie, les agents de la police locale, les pâtres chargés de surveiller les biens communaux, etc., etc. Quant au garde-champêtre, il est nommé par le préfet, mais toujours sur la présentation du maire qu'on pourrait appeler le délégué ou le mandataire général de la commune. Ainsi, après le vote du conseil communal, c'est lui qui vend ou achète au nom de la commune. C'est lui encore qui ordonne les travaux convenus d'avance dans une délibération du conseil; et s'il y a des procès à soutenir, c'est le maire, toujours le maire, qui est chargé de les mener à bonne fin devant les tribunaux.

Jusqu'ici, mon enfant, je ne t'ai parlé des attributions du maire que comme représentant de la commune; mais il est aussi l'agent du gouvernement, et pour lui ce n'est pas toujours une tâche facile, car les intérêts réels de ses concitoyens ne sont pas invariablement d'accord avec les vues de l'administration. Tu conçois alors combien il doit lui être malaisé de contenter les uns et les autres.

Heureusement, ces cas sont rares, et d'ordinaire le rôle de M. le maire se borne à faire publier et exécuter les lois, les décrets, les arrêtés qui lui sont transmis par l'autorité centrale.

Encore un mot. Je crois te l'avoir dit, tous les maires sont élus par les conseillers municipaux et confirmés par le gouvernement; leurs fonctions sont gratuites.

En définitive, mon cher Louis, tu vois qu'un maire désireux de bien remplir sa charge a fort à faire, et doit être doué d'une certaine habileté : aussi n'est-il pas quelquefois facile d'en trouver de bons. Autant que possible, on cherche des hommes d'un caractère honorable, pourvus d'une certaine fortune et jouissant de quelques loisirs. Grâce à Dieu, il ne manque pas en France de candidats dignes de tous nos respects, qui se mettent de bon cœur au service de leurs concitoyens.

Un dernier trait qu'il faut te rappeler : le maire est élu comme les conseillers municipaux pour trois ans; toutefois, au bout de ce temps, on est trop heureux de le réélire, s'il est bon.

QUESTIONNAIRE. — Qu'est-ce que la Mairie ? — Quel autre nom lui donne-t-on ? — Que se passe-t-il à la Mairie lors de la naissance de chaque enfant ? — Qu'est-ce que « l'état civil » ? — A quoi sert-il ? — Que veut-on dire par ces mots : Le maire *légalise* les extraits des actes d'état civil? — Que se passe-t-il à la Mairie lors de chaque mariage ? — Quelle est l'importance du mariage, au point de vue chrétien, et quelle est la croyance des autres peuples européens sur ce grave sujet ? — Pourquoi l'Église l'a-t-elle reconnu sacrement et quel est, dès lors, le devoir de tous les fidèles à cet égard ? — Quelles sont les autres charges du maire ? — Représente-t-il seul la commune devant les tribunaux et dans les transactions? — Est-il aussi l'agent du gouvernement ? — Par qui sont élus les maires ? — Pour combien de temps ? — Sont-ils rééligibles ?

IV

LE CANTON ET L'ARRONDISSEMENT

Quelques jours après, le petit Louis n'eut rien de plus pressé en arrivant à l'école que de faire parade devant ses camarades de ses connaissances nouvellement acquises sur le conseil municipal et sur les diverses attributions du maire. Il avait la mémoire facile et s'était parfaitement assimilé tous les renseignements fournis par son grand-père. Aussi eut-il bientôt autour de lui un petit groupe, composé surtout des élèves de la division supérieure. Tantôt l'un, tantôt l'autre l'interrompait pour lui faire des questions. Louis avait réponse à tout, et l'on voyait clairement que le petit bonhomme était singulièrement flatté de son succès. M. Bernard l'observait à la dérobée et finit par s'approcher.

— Louis, dit-il, je suis enchanté de voir que vous avez si bien écouté votre grand-père, qui sait beaucoup de choses et qui les expose bien. Profitez, mon enfant, de cet avantage, car il n'est pas commun. Seulement gardez-vous de vous enorgueillir ; la modestie est toujours de mise, plus particulièrement à votre âge. Prenez garde aussi de ne pas répéter comme un perroquet : les gens sensés finiraient par se moquer de vous.

Louis rougit, et, sans dire un mot, se hâta de gagner sa place. Aussi bien, l'heure de la classe étant arrivée, l'instituteur s'empressa de commencer la leçon.

— Puisque Louis, dit-il, vous a déjà donné d'excellents détails sur les attributions de M. le maire, je ne vous en dirai rien et je passe de suite au Canton.

Qu'est-ce qu'un canton ? C'est une circonscription ou une certaine étendue du territoire renfermant plusieurs communes. Au point de vue agricole et industriel, un canton peut avoir une véritable importance. Très souvent c'est au chef-lieu de canton que se traitent les affaires et le commerce de la contrée. Les foires et les marchés s'y tiennent d'ordinaire.

Sous un autre rapport, ce chef-lieu a également son importance ; on y trouve la plus humble, mais non la moins utile de nos divisions judiciaires : c'est là que le juge de paix siège en son modeste tribunal. Plus tard, je vous donnerai quelques détails à son sujet.

Mais le canton n'est point, à vrai dire, une division administrative. Pour en former une, il faudrait qu'il y eût là un foyer d'affaires et de vie, qui nécessiterait un personnel d'agents et une propriété cantonale, pareille aux propriétés communales. Or voilà précisément ce qui n'existe pas.

Et pourtant le canton est un groupe bien distinct dans notre organisation administrative. Pourquoi ? parce qu'il sert de base à l'élection des conseils d'arrondissement et des conseils généraux ou de département. En d'autres termes, toutes les communes d'un canton ont le même représentant dans ces deux sortes de conseils.

Arrivons maintenant à l'arrondissement.

De même que le canton comprend un groupe de communes, de même l'arrondissement est formé d'un certain nombre de cantons.

Pas plus que ceux-ci, l'arrondissement ne possède un domaine, une vie propre, et des services publics spéciaux. Il n'en est pas moins une circonscription essentielle sous plusieurs rapports.

D'abord, dans notre organisation judiciaire, c'est au chef-lieu d'arrondissement qu'on trouve le *tribunal de première instance*, ce fondement de toutes nos cours de justice.

De plus, d'après notre système électoral, l'arrondissement sert de base à l'élection de nos députés. Il y a en effet un député par arrondissement.

Enfin, au point de vue de la répartition de l'impôt, c'est-à-dire de sa distribution collective ou individuelle dans une contrée, le rôle de l'arrondissement est considérable ; ce rôle seul servirait même à en justifier l'existence, en tant que division administrative.

Comment s'exerce-t-il dans la pratique? Par une assemblée, c'est-à-dire par le conseil d'arrondissement, chargé de procéder à la répartition de l'impôt. Ici, mes enfants, je vous demande toute votre attention.

Dans une autre occasion, je vous ai fait remarquer qu'il fallait de l'argent, beaucoup d'argent pour faire face à toutes les dépenses de la France.

La somme totale de cet argent est fixée d'avance chaque année par les Chambres. C'est ce qu'on appelle le *Budget* (1).

Ce budget, qui s'élève à des centaines et à des centaines de millions, doit être payé, cela se conçoit, par tous les habitants du pays, chacun pour sa quote part, c'est-à-dire selon ses ressources personnelles.

Cette grosse somme est donc fixée d'abord par les Chambres, pour être répartie ou distribuée par elles entre les départements. Cela signifie qu'elles assignent à chaque département son contingent ou sa part dans la somme totale ; laquelle somme est à son tour distribuée entre les arrondissements par le conseil général et entre les communes par chaque conseil d'arrondissement.

---

(1) BUDGET, nom qu'on donnait primitivement en Allemagne comme en Angleterre à un petit coffret suspendu en voyage au pommeau de la selle, et dans lequel on portait ou des bijoux ou de l'argent. Dans certaines provinces de l'Angleterre, le mot a conservé sa première signification, mais on l'applique plus généralement à ce qu'on pourrait appeler le trésor annuel ou bourse de la nation.

Vous voyez que ce dernier joue là un rôle fort important.

Dans un arrondissement, la somme fixée est-elle trop forte, trop lourde à supporter? le conseil intervient et réclame auprès du conseil général. Sont-ce les communes qui se plaignent d'avoir été trop chargées? Le conseil général discute et tranche toujours la question; mais le conseil d'arrondissement lui transmet la plainte, en l'accompagnant de son avis. Voilà les attributions propres à cette dernière assemblée. Elle en a encore quelques autres indiquées par la loi. Ainsi elle donne son avis sur certaines questions locales; elle le donne également si l'autorité le lui demande, comme aussi elle peut le donner spontanément et exprimer des vœux, quand il s'agit des intérêts de l'arrondissement.

Comment forme-t-on ce conseil? On procède par élection au suffrage universel. Le nombre des membres est égal à celui des cantons. S'il y a moins de neuf cantons, le canton ou les cantons désignés par le chef de l'État nomment deux représentants.

Actuellement, toute personne est-elle éligible? Non, il faut avoir vingt-cinq ans, être domicilié dans l'arrondissement, et y payer l'impôt. L'exercice de certaines fonctions ne permet pas de siéger dans un conseil d'arrondissement. On est élu pour six ans. Mais tous les trois ans, le conseil est renouvelé par moitié. Il tient deux sessions par année, en général, un peu avant et un peu après le mois d'août.

Encore quelques mots sur les agents de l'administration dans l'arrondissement. A la tête de chacun d'eux se place un fonctionnaire représentant le gouvernement et que nous appelons le *sous-préfet*.

Ce sous-préfet est chargé surtout de transmettre les

ordres, les instructions du préfet aux diverses communes de son ressort. La plupart des actes d'administration communale doivent, je vous l'ai déjà dit, être autorisés par le pouvoir supérieur. Or le préfet qui réside au chef-lieu du département serait fréquemment trop éloigné pour apprécier convenablement l'utilité de ces actes. Le sous-préfet lui sert donc d'intermédiaire, étant mieux placé pour connaître les besoins des communes. De plus, les maires, grâce à cette combinaison, ne sont pas obligés de se transporter à de grandes distances pour s'aboucher avec le préfet.

Cependant le sous-préfet a par lui-même une autorité propre. C'est lui qui délivre les passeports et les permis de chasse; c'est lui qui légalise certains actes. Enfin c'est encore lui qui approuve la plupart des délibérations des bureaux de bienfaisance.

Je m'arrête là pour aujourd'hui.

QUESTIONNAIRE. — Qu'est-ce qu'un canton? — Qu'est-ce qui donne au point de vue commercial de l'importance au chef-lieu de canton?—Au point de vue judiciaire, au point de vue électoral?

Qu'est-ce qu'un arrondissement? — Quelle est son importance sous le rapport judiciaire, électoral et de l'impôt?

Qu'est-ce que le Budget et d'où vient ce mot? — Comment sont élus les membres du conseil d'arrondissement? pour combien de temps? — Quelles sont leurs attributions?

V

LE DÉPARTEMENT

Avant de vous parler du département, je vous dois quelques notions sur les divisions administratives de la France avant la Révolution. Que notre patrie formait alors trente-deux provinces ou gouvernements, vous le savez déjà ; mais comment ceux-ci étaient dirigés et administrés, vous l'ignorez encore. La plupart de nos provinces étaient dans l'origine de petits États indépendants, dont les seigneurs ou suzerains mirent plus d'une fois en péril la Royauté elle-même. Lorsque ces provinces, appelées Bourgogne, Normandie, Bretagne, Dauphiné, etc., etc., devinrent partie intégrante du territoire français, leur étendue était si grande que souvent il devenait malaisé pour un seul homme de les administrer. On leur donna donc deux chefs : l'un qui s'appelait le gouverneur, fort souvent choisi parmi la plus haute aristocratie du royaume, et qui, comme représentant du roi, commandait les troupes et ouvrait les États provinciaux, là où ces États existaient. L'autre agent du pouvoir central était l'intendant civil, qui correspondait directement avec les ministres et était pour ainsi dire l'œil du gouvernement dans chaque province. Son autorité avait donc une certaine analogie avec celle de nos préfets, mais sur une région beaucoup plus considérable. Aussi, à une époque où les communications étaient bien plus difficiles, parfois M. le gouverneur ou M. l'intendant ignoraient beaucoup de choses qui se passaient dans la province, et laissaient ainsi inconsciemment subsister des abus qu'autrement ils auraient probablement fait disparaître.

Quoi qu'il en soit, ces provinces formaient, chacune à part, comme autant de petites nationalités : elles avaient leur caractère, leurs usages, leurs mœurs distinctes, quelquefois jusqu'à leurs lois particulières. Cet état de choses subsista jusqu'à la Révolution, qui s'empressa de le transformer. Dans le but de mettre l'administration plus à la portée des intéressés, et afin de donner plus de force à l'unité nationale, l'Assemblée constituante partagea le territoire en départements, d'une contenance assez généralement égale. Dans la pensée de cette assemblée, régir un département était une charge assez lourde pour les forces d'un seul homme, qui s'appela désormais le *préfet*. Elle voulait aussi, cette assemblée, faire disparaître toutes ces nuances diverses, toutes ces différences de mœurs et de caractères qui distinguaient les uns des autres le Breton, le Normand, le Gascon, l'Auvergnat, pour en faire une nation parfaitement homogène, c'est-à-dire le peuple français. Et cependant voyez combien est grande la force de ces traditions et de ces vieux usages nés fréquemment de la nature du sol et du climat. Ces diverses appellations de l'ancien régime sont restées et, tout en se sentant excellents Français, les habitants de nos différentes provinces ont conservé le nom et le caractère de leurs aïeux.

La révolution qui s'opéra dans la distribution du territoire exigeait naturellement une organisation nouvelle dans l'administration du département.

Voici quels furent les nouveaux agents ou intermédiaires de cette administration :

1° Le conseil général ;
2° La commission départementale ;
3° Le préfet ;
4° Le conseil de préfecture.

Je vais vous expliquer brièvement les attributions de ces agents.

LE CONSEIL GÉNÉRAL

Le conseil général se compose d'autant de conseillers qu'il y a de cantons dans un département. Ils sont élus au suffrage universel, absolument comme les conseillers municipaux. Quels sont les éligibles à ce conseil? Voici ce que dit la loi du 10 août 1871 :

« Sont éligibles tous les citoyens âgés de vingt-cinq ans, inscrits sur une liste d'électeurs ou justifiant qu'ils devraient y être inscrits avant le jour de l'élection, domiciliés dans le département, et ceux qui, sans y être domiciliés, y sont inscrits au rôle d'une des contributions directes au premier janvier de l'année dans laquelle se fait l'élection, ou justifiant qu'ils devraient y être inscrits à ce jour, ou qu'ils ont hérité depuis la même époque d'une propriété foncière dans le déparment.

» Toutefois le nombre des conseillers généraux non domiciliés ne pourra dépasser le quart du nombre total dont le conseil doit être composé. »

Pourquoi cette dernière restriction? c'est que, si des personnes non domiciliées dans le département, mais ayant des propriétés dans quelque partie de cette circonscription, pouvaient arriver indistinctement et en grand nombre à figurer dans le conseil général, il leur serait parfois facile d'y faire voter des mesures contraires à une bonne administration. C'est donc dans l'intérêt de la population qu'on a réduit le nombre de ces conseillers au quart du nombre total. Sage mesure de précaution contre des hommes indignes, ou contre des prétentions non fondées.

Je vous ai dit tout à l'heure encore que les conseillers généraux sont élus par le suffrage universel, mais chacun peut-il être élu? Non. La loi pose ce qu'on appelle des *incompatibilités*, c'est-à-dire des cas où l'on ne peut remplir certaines fonctions et siéger en même temps au conseil général. Je ne vous en nommerai que trois : est-on fonctionnaire dans l'ordre administratif, judiciaire ou universitaire ; en d'autres termes, est-on préfet, juge, ou professeur de l'Université? la porte du conseil général vous est fermée. Pourquoi cette défense ? C'est que ces agents du pouvoir central pourraient peser quelquefois sur les décisions du conseil général en lui enlevant, au profit du pouvoir, une partie de son indépendance et de sa dignité légitime. La loi a donc cherché à entourer de la plus grande liberté possible les représentants du département dans l'ordre administratif.

Mais si l'élection est vicieuse, peut-elle être annulée? Sans aucun doute : les électeurs du canton, les candidats, les membres du conseil général, ainsi que le préfet lui-même peuvent réclamer l'annulation de l'élection; mais leur droit d'attaque ne subsiste que dans les dix jours qui suivent le vote.

Si le délai était plus long, cela pourrait donner lieu à des conflits sans fin, qui déconsidéreraient l'institution elle-même.

Maintenant, pour combien de temps est-on conseiller général ?

D'abord n'oublions pas que les attributions et les devoirs de cette assemblée étant d'une haute importance, il fallait avant tout y faire naître un esprit de suite et de persévérance, à raison des grandes entreprises dont elle peut être appelée à ordonner l'exécution. Souvent, en effet, ces entreprises exigent plusieurs années de travaux préparatoires, et, pour les mener à bonne fin, il en faut quelquefois tout autant, sinon davantage.

Le mandat ou la mission du conseil durera donc six ans : c'est aujourd'hui le minimum. Mais, d'un autre côté, il est bon de constater si le conseil général persévère dans son esprit primitif et répond aux vœux des populations. Comment faire alors? On a décidé que tous les trois ans la moitié du conseil serait renouvelée et, pour bien assurer le fonctionnement de ce système, lorsqu'il se réunit pour la première fois, il divise les cantons en deux séries égales, et le sort décide laquelle des deux sera renouvelée au bout de trois années et laquelle continuera de siéger jusqu'à l'expiration des six ans.

D'autre part, il est clair aussi que si un membre négligeait communément d'assister aux délibérations, sans excuse légitime, la loi autoriserait son exclusion.

Dans certains cas le gouvernement peut, de sa propre autorité, dissoudre un conseil général ; mais il est inutile d'entrer dans ces détails.

Vous me demanderez à quelles époques se réunit ce conseil, et s'il peut s'assembler quand cela lui plaît? Non. Il tient deux sessions par an : la première fixée au premier lundi qui suit le jour de Pâques ; la seconde, au premier lundi qui suit le 15 août.

A ce moment, Nicolas Blandin, fort questionneur de sa nature, comme nous le savons déjà, leva la main en signe de demande.

— Parlez, enfant, se hâta de dire M. Bernard.

— Monsieur, fit Nicolas, si dans l'intervalle de deux sessions, il y a des affaires très pressées, très importantes, est-ce que le conseil général n'aurait pas le droit de se réunir? Puisqu'il est chargé de tant d'intérêts graves, il devrait bien, ce semble, pouvoir le faire.

— Très bien parlé, reprit l'instituteur, seulement alors il faudrait l'autorisation du chef de l'État, pour ouvrir cette session extraordinaire, soit sur la demande du tiers des membres du conseil, soit sur la convocation du préfet. Encore cette session extraordinaire ne peut-elle durer que huit jours.

— Mais, insista Nicolas Blandin, Jacques Lecordonnier, notre ancien camarade, qui est au pays, comme vous savez, Monsieur, m'a dit que le conseil général avait quelquefois le droit de se réunir sans autorisation quelconque. Est-ce vrai, cela?

— Lecordonnier ne se trompait pas, répondit M. Bernard; néanmoins le cas est tout à fait rare et extraordinaire. Je ne vous en aurais même pas parlé, si Blandin ne m'eût posé cette question.

Voici le fait. Supposons que les deux Chambres soient dissoutes illégalement, ou simplement mises dans l'impossibilité de s'assembler, ce serait une véritable révolution. Alors les conseils généraux auraient le droit de se réunir et de nommer deux délégués, lesquels se joindraient aux membres du gouvernement et aux députés qui auraient pu se soustraire à ce coup d'État. Tous ensemble aviseraient aux moyens de sortir de cette situation extrême.

Comme vous le voyez, c'est un cas exceptionnel : je ne souhaite ni à vous ni à personne d'assister à un pareil événement.

Les séances du conseil général sont-elles publiques? oui. Chacun peut entrer dans le lieu où elles se tiennent, et il est bon qu'il en soit ainsi ; de cette façon, les citoyens apprennent à étudier sérieusement les intérêts de leur département; et les conseillers, se sentant sous la surveillance du public, sont moins exposés à négliger ou à oublier ces intérêts. Pour assurer encore ce résultat, les séances du conseil général sont toujours sténographiées et publiées dans les journaux.

QUESTIONNAIRE. — Comment était divisée la France avant 1789? En provinces. — Qui gouvernait ces provinces? — Quand supprima-t-on cette division du territoire, et pourquoi? — Quels sont, dans la nouvelle organisation, les agents ou intermédiaires de l'administration? — De combien de membres se compose le conseil général? — Dites quelles personnes peuvent faire partie de ce conseil, comment et pour combien de temps elles sont élues. — Qu'entend-on par *incompatibilités?* — Dans le cas où l'élection est vicieuse, qui peut en réclamer l'annulation? — A quelles époques se réunit le conseil général? — Peut-il y avoir des sessions extraordinaires? — Dans quel cas le conseil général peut-il se réunir sans convocation? — Les séances du conseil sont-elles publiques? — Pourquoi?

ATTRIBUTIONS

A quelques jours de là (c'était un dimanche), M. Bernard se promenait avec plusieurs de ses élèves au bord de la petite rivière de l'Aire, quand il vit apparaître au loin Jacques Lecordonnier. Le jeune ouvrier levait en l'air ses bras en signe de reconnaissance et paraissait très animé. Quand il fut arrivé auprès de son ancien maître, il lui dit :

— Vous ne savez pas, vous ne savez pas d'où je viens? Ma foi, j'ai été faire un tour à Bar-le-Duc, et comme j'aime à voir comment les choses se passent, j'ai voulu assister à une séance du conseil général, qui siège juste en ce moment. C'est vraiment fort intéressant, et je suis enchanté de n'avoir pas manqué l'occasion.

— Ce que tu me dis là ne me surprend nullement, repartit l'instituteur, et pour mon compte, je suis très heureux de voir, mon cher Jacques, que tu t'occupes des affaires du pays.

— C'est tout simple, dit Lecordonnier; mais si je n'avais eu à côté de moi un monsieur qui a bien voulu m'expliquer le rôle et les attributions du conseil général, peut-être serais-je sorti de la séance beaucoup moins satisfait, parce que j'en aurais moins compris l'importance. Ainsi, grâce à mon voisin, je sais que le conseil général classe les routes départementales et les chemins de grande communication, qu'il répartit entre les communes les contributions directes ou foncières. Il vote le budget départemental, les dépenses à faire et les recettes à effectuer. Voilà déjà de grands pouvoirs. Il est chargé encore de l'entretien des édifices départementaux, tels que les prisons, les casernes de gendarmerie, les hôpitaux; enfin il doit accorder des encouragements à l'agriculture.

Autres attributions très importantes celles-là : il interprète les vœux du département, donne son avis sur les foires et les marchés, sur les besoins et les intérêts des divers cantons qu'il représente.

— Tu as raison, maître Jacques, interrompit l'instituteur; à mon sens, le conseil général joue le rôle d'un petit parlement local. Seulement il ne peut jamais s'occuper de politique, et vraiment ce n'est pas dommage, car trop souvent la politique est une triste chose. On s'y dispute plus que l'on ne discute, et la discorde y règne plus que la concorde. Mais je me garderai bien de m'aventurer sur ce terrain.

9

Je te ferai seulement remarquer, mon ami Jacques, que, grâce à ce conseil général, le département s'administrant lui-même devient, une personne *morale*, absolument comme la commune; il peut donc acheter, vendre, acquérir à divers titres, comme le premier individu venu. En vertu de ces prérogatives, le conseil délibère sur des intérêts généraux, qu'on appelle *départementaux*, ainsi que sur les intérêts *communaux*.

Mais, mon cher, je m'aperçois qu'au lieu de flâner et de jaser gaiement avec ces chers enfants, tu me fais faire une leçon d'instruction civique qui est ici hors de saison ; je les prends tous à témoin que toi seul, tu en es la cause.

Jacques Lecordonnier partit d'un grand éclat de rire, serra cordialement la main de son vieux maître, et tous deux rentrèrent ensemble pour aller souper chez l'instituteur.

QUESTIONNAIRE. — Quelles sont les attributions du conseil général par rapport aux routes et chemins, aux contributions, au budget et aux édifices départementaux ? — Doit-il aussi se faire l'interprète de tous les vœux et de tous les besoins de la population ? — Le conseil général peut-il émettre des vœux politiques ? — Le Département est-il une personne morale ?

LA COMMISSION DÉPARTEMENTALE

Que faut-il entendre par la *Commission départementale?* Elle a pour mission de surveiller l'exécution des mesures votées par le conseil général De plus, elle décide elle-même certaines questions d'affaires ; du reste, il n'y a pas longtemps que cette commission existe, puisqu'elle remonte seulement à une loi de 1871. Elle se compose de quatre membres au moins, de sept au plus, tous élus par et dans le conseil général.

Les commissaires sont nommés pour un an, et si l'un d'eux se dispense, sans motif légitime, pendant deux mois consécutifs, d'assister aux délibérations de la commission, il est réputé démissionnaire. Le président de cette assemblée est toujours le doyen d'âge.

Quant aux attributions de la commission, quelques-unes lui sont propres et déléguées par la loi. Elle remplit en quelque sorte la fonction de pouvoir exécutif du conseil général. Mais ses décisions n'ont jamais qu'un caractère provisoire et peuvent toujours être modifiées ou même annulées par le corps qui l'a élue.

QUESTIONNAIRE. — Qu'entend-on par les commissions départementales? — A quelle date ont-elles été établies? — Par qui sont-elles élues? — Pour combien de temps sont-elles nommées? — Quel en est le président? — Quelles sont les attributions de la commission départementale, et quel est au fond son rôle près du conseil général? — Les mesures qu'elle prend ont-elles un caractère définitif?

DU PRÉFET ET DU CONSEIL DE PRÉFECTURE

Je vous ai parlé, la dernière fois, du rôle de la commission départementale comme pouvoir exécutif du conseil général. Mais, en principe, les résolutions de ce dernier corps sont exécutées par un agent beaucoup plus important qu'elle, le *Préfet*. Les assemblées délibèrent, seul il agit. C'est un détail que vous ne devez pas oublier.

L'institution des préfets remonte à 1800 (an VIII): ils remplacèrent ce qu'on appelait auparavant les *directoires provinciaux*, composés de cinq administrateurs, remplissant à la fois les fonctions du préfet, du conseil général et du conseil de préfecture. C'était presque la confusion organisée, et c'est précisément pourquoi on changea de système.

Qui nomme le préfet? Le chef de l'État, sur la proposition du ministre de l'Intérieur. Quelles sont les conditions exigées pour remplir les fonctions de préfet? La loi n'en prescrit aucune particulière; elle se contente des conditions imposées à ceux qui se destinent à des emplois publics. Ainsi, tout préfet doit jouir de ses droits civils et politiques et avoir atteint sa majorité. Mais il ne peut exercer aucune autre fonction administrative ni élective. En effet, ses devoirs de préfet pourraient quelquefois lui devenir gênants, s'il en remplissait d'autres.

Il est des cas cependant où le préfet d'un département peut être ou empêché ou absent : qui le remplace alors? Le plus ancien conseiller de préfecture, si le préfet lui-même ne porte son choix sur le *secrétaire général* de la préfecture ou sur un autre conseiller.

J'aurais encore des détails à vous donner sur le rôle et les attributions du préfet; je craindrais qu'ils ne fussent au-dessus de votre âge ; je me bornerai à ajouter que ce fonctionnaire public relève de tous les ministres et correspond directement avec eux. Il a donc fort à faire, surtout quand il se trouve à la tête d'un département important, puisqu'il peut avoir à trancher des questions sur presque toutes les branches de l'administration, ce qui exige de sa part des connaissances réelles et approfondies.

Pour l'aider en tant d'affaires compliquées, le préfet a auprès de lui une assemblée qu'on appelle le *Conseil de préfecture*, également établi en l'année 1800. Ce conseil se compose tantôt de trois, tantôt de quatre membres nommés par le chef de l'État, et de neuf dans le département de la Seine. Pour ces divers conseillers, il y a, comme pour le préfet, certaines fonctions qu'il leur est défendu de remplir. — Cette assemblée a des attributions propres : par exemple, elle a le droit d'autoriser les communes à plaider comme étant des personnes morales, regardées pourtant comme mineures. Mais les attributions en question sont en fort petit nombre et nous n'avons pas ici à nous en occuper.

QUESTIONNAIRE. — Outre la commission départementale, par qui sont exécutées les décisions du conseil général ? — En quelle année ont été institués les préfets ? — Qui ont-ils remplacé ? — Par qui sont-ils nommés ? dans quelles conditions ? — Qui remplace le préfet absent ? — De qui relève le préfet ? — Quelle est l'utilité du conseil de préfecture ? — Comment est-il composé ? à quelle époque fut-il institué ?

CINQUIÈME PARTIE

L'ÉTAT

Jacques Lecordonnier était retourné à Paris pour reprendre ses travaux habituels. Plus que jamais cependant il se sentait pris d'un vif intérêt pour les affaires du pays et pour l'organisation, soit de l'administration centrale, soit des pouvoirs publics.

L'époque de son retour à Paris coïncidait à peu près avec la fête nationale du 14 juillet. Comme il n'y avait jamais assisté, on peut juger si sa joie était grande à la vue de ce qu'il considérait comme des merveilles. Aussi, dès le lendemain de la fête, après en avoir rêvé, je crois, le brave menuisier, s'empressa-t-il d'écrire à son ami de Beaumont. Son esprit et son cœur débordaient à la fois d'impressions diverses qu'il éprouvait le besoin de communiquer à quelqu'un.

L'instituteur reçut donc la lettre suivante :

Paris, 15 juillet 18..

Cher maître,

J'étouffe. Il faut absolument que je vous écrive. Hier, vous le savez, c'était l'anniversaire de la prise de la

Bastille. De cette fameuse prise, je ne m'en occupe guère, ce n'est pas là mon affaire. Le massacre des vieux invalides et de Delaunay, après capitulation, m'a toujours fait horreur et je ne comprends pas qu'on puisse fêter un pareil anniversaire. Pourtant rien n'y manquait. Théâtres gratuits, revue des troupes, à laquelle assistaient, dans des tribunes séparées, le président de la République, les ministres, les membres des deux Chambres, le corps diplomatique et une foule d'invités. Quant à la multitude des spectateurs de tout genre, accourus de Paris et de la province, je vous laisse à penser ce qu'elle était : le Français est fou de ces spectacles. Au fond, il n'a pas tort, car la vue de ces belles troupes en uniforme, défilant au pas comme un seul homme, qui à cheval, qui à pied, c'est quelque chose de splendide; et, dans ce moment-là, je me sentais vraiment fier d'être Français.

Et les élèves de Saint-Cyr donc! ces gaillards-là manœuvrent admirablement; rien qu'à les voir, on devine qu'ils feront de fameux officiers. Que l'étranger vienne nous chercher noise, et nous nous précipiterons tous à leur suite pour lui barrer le passage.

Je ne veux pas, cependant, me laisser aller à des descriptions; et je ne vous parlerai, ni des feux d'artifice, ni des illuminations dans les Champs-Élysées. Vous les connaissez d'ailleurs, je crois; par conséquent, je ne vous apprendrais rien de nouveau. Mais hier, en satisfaisant ma curiosité, tout en marchant à côté de mon patron, qui m'a pris en amitié, je le priai de me donner quelques détails sur les fonctions du président de la République, des ministres et des principaux corps de l'État. Mon patron m'a répondu comme il a pu ; toutefois ses explications ne m'ont pas paru bien précises, ou du moins je n'y ai pas compris grand'chose. Aussi, comme vous m'avez permis de vous écrire et de vous demander tout ce qui me passerait par la tête, j'en profite, vous le voyez, dès la première occasion. Je me rappelle toujours vos explications si claires à l'école, et je vous prie de m'envoyer, à votre loisir, quelques renseignements sur l'État et les divers organes de l'État. Ce sont des mots que j'entends prononcer souvent, ou que je lis dans les journaux ; et, à vrai dire, mon esprit est un peu embrouillé sur ce sujet. Venez donc à mon secours, et croyez à ma respectueuse reconnaissance.

Jacques LECORDONNIER,
34, rue d'Ulm.

A cette lettre, M. Bernard fit une longue réponse, qu'il fut même obligé d'écrire en plusieurs fois, à raison de ses nombreuses occupations. Nous devons ajouter qu'il en garda une copie, dont nous avons obtenu communication. La voici pour le profit de nos lecteurs :

Beaumont-sur-Aire, 22 juillet 18..

Mon cher Jacques,

Merci d'avoir si tôt tenu ta promesse, et surtout de m'avoir parlé à cœur ouvert. C'est l'unique secret, entre amis séparés, d'entretenir le feu sacré de l'affection et du dévouement mutuels. Cela dit, je passe sur-le-champ à l'objet de ta lettre.

Tu me demandes ce qu'est l'État. Tu sais déjà ce

qu'est une *commune*, un *canton*, un *arrondissement*, un *département*. Tu sais que ces divers groupes ont des besoins communs ou collectifs, auxquels on satisfait par divers moyens. Jusque-là, il s'agit simplement d'intérêts *locaux*.

À côté de ces intérêts restreints il y a des intérêts *généraux* : ceux de la nation française tout entière.

Or cette réunion d'hommes ayant même origine, mêmes besoins et mêmes lois, s'appelle l'*État* ou un *État*.

Mais, comme la commune, comme le département, l'État est-il une personne morale?

Eh! sans doute. L'ensemble de la nation française vaut bien, je pense, ces petits groupes que je viens de nommer. Donc, l'État a été personnifié, et dès lors il a été mis à même de posséder un grand domaine, des services publics, des agents beaucoup plus nombreux, plus importants que ceux de la commune et du département.

Voilà le premier sens du mot *État* : il signifie nationalité, société ; mais plus communément nous le prenons dans une autre acception : celle de *gouvernement*. Nous disons donc l'*État-gouvernement*, qui est la tête de la nation, qui gère le domaine national et, par ses agents, administre les intérêts d'un peuple entier. Tous les services nationaux sont concentrés entre ses mains.

Dans ce dernier sens, un État peut être, soit une monarchie absolue comme en Russie, où la volonté du souverain est à la fois loi et gouvernement ; soit une monarchie constitutionnelle, comme en Angleterre, avec un souverain dont l'autorité est limitée par celle de deux Chambres législatives ; soit enfin, comme aujourd'hui en France ou aux États-Unis d'Amérique, une république avec un président pour chef et deux Chambres pour établir une constitution et voter les lois.

Mais, entre nous, mon cher Jacques, de ces trois formes de gouvernement, la monarchie constitutionnelle ou la république sont les plus dignes d'une société civilisée. Quand je dis cela, ce n'est point par fanatisme, car, à cet égard, je n'ai point de parti pris; c'est parce qu'avec ces deux formes de gouvernement le citoyen prend une part active aux affaires du pays et se trouve plus à même par là de réprimer les abus.

La monarchie représentative et la république supposent nécessairement des assemblées délibérantes, composées et élues par la nation. Dès lors, que le monarque tende au despotisme; que le président abuse de son pouvoir; que le ministre des finances prodigue follement les fonds de l'État; que la magistrature soit corrompue et rende une mauvaise justice, les mandataires ou représentants de la nation peuvent y mettre ordre et exiger des réformes immédiates, sans lesquelles ils sont en droit de refuser le vote du budget nécessaire à la bonne administration de l'État.

Dans ces assemblées politiques, les hommes supérieurs se font vite une place à part; puis, les discussions approfondies apprennent peu à peu à chacun à modérer ses opinions, à ne pas se laisser entraîner exclusivement par la passion. Voilà les avantages réels de ce régime de liberté, et j'ajoute que, dans une république, ces débats au grand jour et cette modération sont bien plus nécessaires encore que dans une monarchie, parce que, sous ce gouvernement de liberté presque illimitée, le peuple se laisse souvent égarer à la suite d'hommes pervers qui s'efforcent, dans leur propre intérêt, de le tromper. Voilà, mon cher Jacques, ma profession de foi.

Mais, quelles que soient la nature et la forme d'un gouvernement, il a nécessairement des organes pour le représenter : aussi je dois t'en dire quelques mots.

Les organes de l'État se divisent en deux groupes : l'administration centrale et l'administration locale.

Tu sais déjà, en partie, ce qu'est l'administration locale.

Quant à l'administration centrale, elle se compose : 1° du chef de l'État, roi, ou président; 2° des ministres, et, derrière les ministres, toute une armée de fonctionnaires généraux ou spéciaux, dont l'unique devoir est d'aider le gouvernement dans l'exercice de sa laborieuse mission.

I

LE CHEF DE L'ÉTAT

Le chef de l'État, je n'ai guère besoin de le dire, est aujourd'hui, en France, un président de République. Il est nommé pour sept ans par les députés et les sénateurs réunis en congrès national. Ce président est rééligible à l'expiration de ses fonctions.

Supposons maintenant que M. Grévy, le président actuel, soit arrivé à la septième année de sa charge : un mois avant le terme légal de son mandat, les Chambres se réuniront pour l'élection d'un nouveau président.

Si la convocation légale n'avait pas lieu, la réunion

des deux Chambres s'effectuerait de plein droit quinze jours avant l'expiration de ses pouvoirs. Le président vient-il à mourir ou à donner sa démission, les deux corps législatifs se réunissent aussi de plein droit. Enfin, si la Chambre était dissoute à ce moment, les électeurs seraient convoqués sur-le-champ, et le Sénat s'assemblerait également de plein droit.

Quant aux attributions du président, elles sont de plusieurs sortes; et tu sens bien, mon cher ami, que je ne veux ni ne peux entrer ici dans beaucoup de détails. Les unes sont d'ordre politique ou public; les autres, purement administratives. Grâce à ses attributions politiques, le chef de l'État est un peu comme un roi, et remplit les devoirs de la Souveraineté; il fait grâce aux criminels, il convoque les électeurs, il nomme les ministres; il nomme aussi les représentants de la France auprès des nations étrangères, lesquelles, à leur tour, accréditent leurs ambassadeurs auprès de lui.

Ma lettre est déjà longue, mon cher Jacques, trop longue peut-être à tes yeux, mais c'est ta faute. Pourquoi veux-tu que je continue avec toi mes leçons comme prolongement de celles de l'école? Par là, tu m'as donné presque le droit d'être encore un magister, et tu vois que j'en profite.

Tout à toi de cœur.

L. BERNARD.

QUESTIONNAIRE. — Quels sont les deux sens du mot *État* et quelle est la signification du mot *Société* pris dans ce sens? — L'État est-il une personne morale? — Quels sont les organes de l'État? — Comment est composée l'administration centrale? — Quel est le chef suprême de toute l'administration française, gé-

LES MINISTRES

Lorsque M. Bernard prit place dans son fauteuil, il tira de sa poche la lettre de Jacques Lecordonnier, que les élèves écoutèrent dans le plus grand silence ; puis il lut ensuite la réponse qu'il y avait faite.

— Mes amis, ajouta-t-il, votre ancien camarade m'a fourni l'occasion de lui donner une leçon sur les différentes formes de gouvernement et sur les fonctions du président de la République. Par conséquent je n'ai pas besoin de vous en faire une autre ; et si vous avez écouté avec attention ma lecture, vous serez parfaitement en état d'en reproduire le sujet. Donc j'attendrai pour la prochaine fois une bonne rédaction.

Aujourd'hui, je vous parlerai des agents placés directement sous le contrôle de ce président, agents qui sont ses véritables organes : on les appelle des *ministres*.

D'abord y a-t-il toujours eu des ministres dans notre pays de France ? Oui. Seulement, ils n'en portaient pas toujours le nom. Au temps des Mérovingiens, les maires du palais n'étaient en réalité que des ministres. Sous les Capétiens, nous rencontrons déjà ce titre ; toutefois leurs fonctions ne répondaient pas encore à ce que nous entendons aujourd'hui par un ministère. Le premier qu'on établit en France fut celui de la Maison du roi, qui remonte à 1587. Plus tard vint celui des Affaires étrangères; sous l'ancien régime, en 1789, on comptait déjà six ministères. En 1791, on en créa aussi six, qui furent organisés sur de nouvelles bases. Passons sur l'époque sanglante et troublée de la Convention et du Directoire pour arriver aux ministères actuels. Quel est celui d'entre vous qui pourrait me les énumérer ?

A cette question, on vit s'élever dans la salle une demi-douzaine de mains pour répondre; mais quand il s'agit d'en venir au dénombrement, personne n'arriva au bout.

— Allons, fit M. Bernard, il faut que je vous vienne encore en aide. Il y a onze ministères :

Les Affaires étrangères, la Guerre, l'Intérieur, la Justice, la Marine, l'Instruction publique et les Cultes, les Travaux publics, les Finances, l'Agriculture, le Commerce et les Colonies, les Postes et Télégraphes.

Ces onze ministres sont les agents responsables chargés par le chef de l'État de gouverner le pays, et placés à la tête de tous les grands services publics. Remarquez que, par ces mots *agents responsables*, on entend *responsables* vis-à-vis des deux corps législatifs; car si l'un des ministres ou tous ensemble venaient à manquer à leur devoir et à trahir la confiance de la nation d'une façon grave, ils pourraient être mis en accusation devant les Chambres et condamnés à des peines sévères.

Cette responsabilité des ministres, qui les atteint sous différentes formes, n'entraîne pas toujours la mise en accusation.

Supposons, par exemple, que les Chambres n'approuvent pas la politique du ministère, en tout ou en partie, elles le montrent par un vote de blâme, et dès lors le cabinet remet ses pouvoirs au président de la République, qui en nomme un autre dont la conduite sera plus d'accord peut-être avec les vœux des deux Chambres. Tous les ministres ont un pouvoir égal, mais communément l'un d'eux porte le titre de président du Conseil; celui-là doit avoir une réelle influence, exercer une certaine autorité sur l'opinion publique, et par là même prendre la direction générale des affaires et de la politique.

Les ministres se réunissent chaque semaine ou plus fréquemment sous la présidence du chef de l'État, pour délibérer sur la conduite à tenir dans les questions graves qui intéressent le gouvernement du pays.

Voilà, mes amis, ce qu'on entend par le mot *ministre*; ces chefs des services publics, réunis au chef de l'État, forment ce qu'on appelle le *pouvoir exécutif*.

Dans tout État libre et bien réglé, le pouvoir exécutif, c'est-à-dire, le pouvoir chargé d'exécuter les lois, jamais de les faire, est responsable devant la nation.

Le pouvoir législatif chargé exclusivement de faire les lois, et le pouvoir judiciaire ou les magistrats chargés de rendre la justice, sont toujours séparés du pouvoir exécutif.

Cette séparation des trois pouvoirs est considérée comme le fondement essentiel d'un gouvernement libre.

QUESTIONNAIRE. — Y a-t-il toujours eu en France des ministres et, au début de la monarchie, le mot avait-il le même sens qu'aujourd'hui? — Quel fut le premier ministère établi sous l'ancienne monarchie? — Combien y avait-il de ministères en 1789? — Sous quelle assemblée politique et à quelle époque?

furent établis des ministères avec des attributions analogues à celles d'aujourd'hui? — Quel est le nombre des ministères actuels? — Énumérez-les. — Comment peut-on définir un ministre? — Quelles sont les attributions d'un ministre? — Envers qui les ministres sont-ils responsables, et par qui peuvent-ils être mis en accusation? — Qu'arrive-t-il si les Chambres manifestent un blâme contre les ministres? — Qu'entend-on par président du Conseil? — Qu'entend-on encore par les trois pouvoirs?

III

LE POUVOIR LÉGISLATIF

Paris, le 15 mai 18..

Mon cher maître,

Vous m'avez satisfait si complètement par les renseignements que vous avez bien voulu me donner sur le chef et sur les organes de l'État, qu'il m'a pris une envie démesurée d'assister à une séance de la Chambre des députés... Je ne savais comment m'y prendre pour y arriver, lorsqu'un de mes camarades d'atelier, à qui j'en parlais, me dit : «La chose est très facile. D'abord, vous n'avez qu'à vous adresser au député de votre arrondissement, qui s'empressera de vous donner une carte d'entrée pour les tribunes au Palais-Bourbon. Mais, ajouta mon camarade, premièrement il faudrait aller faire visite à votre député, ce qui vous prendrait du temps, et des compagnons ouvriers n'en ont pas à perdre; de plus, il y a séance et séance. Il y en a d'ennuyeuses, et il y en a d'intéressantes. Une fois qu'on a sa carte, il faut en profiter, et parfois on a gaspillé sa journée pour rien. Tenez, j'ai mieux que cela : je suis précisément lié avec un huissier de la Chambre, et ces gens-là ont toujours des cartes à leur disposition. Si vous voulez, je lui en demanderai une pour vous, en le priant de choisir un jour où il y aura une séance offrant de l'intérêt. Cela vous va-t-il ?

— Si cela me va! comment donc! Merci, mille fois merci. Mais, une politesse en vaut une autre : voulez-vous accepter à déjeuner avec moi chez notre voisin, le père Michel ; l'on y mange bien et à bon marché ?»

Aussitôt dit, aussitôt fait. Nous déjeunâmes gaîment, sans nous griser bien entendu ; car, Dieu merci, je n'ai point de penchant pour l'ivrognerie. Elle mène à l'abrutissement et à la misère, voilà tout. Et puis, mon bon maître, je me rappelle trop vos conseils à ce sujet, pour en être tenté. Vous voyez que je vous dis tout ce qui me passe par la tête.

Quelques jours après, mon camarade m'apporta une carte d'entrée qu'il avait reçue pour moi, et je partis pour la Chambre des députés. J'avais bonne chance ; il s'agissait des affaires de Tunisie.

Quand je pénétrai dans l'enceinte du Palais-Bourbon, toutes les tribunes étaient déjà pleines à étouffer, quoique la séance ne fût pas commencée. La vue de cette belle salle me remplit d'abord d'étonnement et d'admiration. Je découvris bientôt que j'avais à côté de moi un jeune avocat très empressé de donner à un groupe d'amis venus de province les renseignements qui leur manquaient, et je prêtai l'oreille.

« Juste en face de nous, disait-il, au-dessus de la tribune que vous voyez, voilà le fauteuil et le bureau du président ; un peu plus bas, à droite et à gauche, les questeurs ; derrière lui, au fond de l'hémicycle, les sténographes de la Chambre. »

Mais pendant que mon jeune avocat donnait ces explications, l'enceinte se garnissait peu à peu de députés, qui prenaient place, à droite, à gauche, au centre, suivant le parti auquel ils appartenaient.

Vous n'attendez pas, sans doute, mon cher maître, que je vous fournisse un compte rendu de la séance; la chose me serait malaisée et, tout en prenant un vif intérêt aux marches et aux contremarches de nos troupes en Tunisie, plus d'une fois, je l'avoue, je n'y comprenais pas grand'chose. Mais, ce qui me frappa vivement, ce fut la façon dont se conduisaient les débats. Moi, je m'étais imaginé que les législateurs de la France discutaient froidement, dignement, modérément sur les graves intérêts du pays. Au lieu de cela, on interrompait à chaque instant les orateurs par des *Oh!* des *Ah!* et même par des paroles blessantes qui faisaient sur moi un mauvais effet. Pour vous dire toute ma pensée, je croyais avoir parfois sous les yeux une bande d'écoliers en train de se chamailler. Dans un moment où la séance fut suspendue, je me hasardai à demander à mon voisin, l'avocat, si toutes avaient le même caractère? « Non, dit-il, il s'en faut de beaucoup; peut-être serez-vous bientôt témoin du contraire. » Effectivement, à la reprise de la séance, je vis monter à la tribune un député d'une haute taille, d'une belle figure, l'air très digne, et, à mon grand étonnement, tout le monde fit silence. Plus de conversations, plus de rires; chacun écoutait. Ce député, dont j'ai oublié le nom, s'adressa directement au ministre des Affaires étrangères, et lui fit ce qu'on appelle une *interpellation*. Il me parut dire des choses très sensées, très patriotiques. Les tribunes semblaient être du même avis; et je remarquai que, même du côté qu'on appelle la *Gauche extrême*, il venait des marques d'approbation. Le discours dura assez longtemps, le ministre y répondit, et l'ensemble de cette discussion me fit grand plaisir. Il y eut encore une suspension d'un quart d'heure ; profitant de l'occasion, je me tournai de nouveau vers mon obligeant voisin.

« Monsieur, lui dis-je, voulez-vous me permettre de vous demander pourquoi la séance n'a pas, d'un bout à l'autre, ce même caractère. Tout ce que nous venons d'entendre est du moins digne de la France et d'un pays libre. Pourquoi le président a-t-il toléré ces interruptions malsonnantes qui ont eu lieu au commencement ? »

Le jeune avocat, voyant à qui il avait affaire, ne put réprimer un sourire, et reprit :

« Évidemment, mon cher monsieur, vous assistez pour la première fois à une séance d'assemblée délibérante. Croyez-vous, par hasard, que tous ces hommes politiques, réunis ici, n'ont pas des passions et des opinions différentes ? Plus ils sentent vivement, plus ils ont des convictions fortes, plus ils mettent d'emportement à les défendre. De là des écarts, et, par-ci par-là, des explosions de colère que nous pouvons regretter, mais que nulle puissance au monde ne pourrait étouffer complètement. Ce sont les résultats inévitables de la liberté pratique, il ne faut pas trop nous en plaindre. En plus d'une occasion, il arrive, après ces vives et longues discussions, un apaisement général, qui amène à son tour des concessions réciproques et une entente d'où sort le bien du pays. »

Ici mon voisin s'interrompit, puis reprit :

« Mon cher monsieur, l'examen des affaires tunisiennes est terminé pour aujourd'hui, et la Chambre n'offrira plus rien d'intéressant pour le public. A la reprise de la séance, on va aborder des questions de chiffres, très importantes sans doute, mais que vous et moi nous pouvons nous dispenser d'entendre. Je vais retourner à mon cabinet, où je suis attendu pour une affaire ; si vous voulez m'accompagner quelques pas, je vous donnerai en chemin des explications sur le rôle des corps législatifs, qui vous intéresseront peut-être. Vous me paraissez animé d'un très bon esprit, qu'on ne trouve pas tous les jours chez les ouvriers. »

Jugez si j'acceptai avec plaisir cette offre bienveillante. Une fois dans la rue, je fus tout oreilles : ce que voyant, ma nouvelle connaissance me parla à peu près en ces termes :

« Quel est le rôle d'un corps législatif quelconque ? 1° Il fixe les devoirs et les droits des particuliers, soit dans leurs rapports d'homme à homme, soit dans leurs rapports avec la société ; 2° il organise les services publics et crée les ressources nécessaires pour leur fonctionnement. Telles sont ses attributions ; mais elles varient du plus au moins, selon le caractère et le génie de chaque nation. Tantôt, comme en Angleterre, on laisse une part plus large des affaires publiques au corps législatif; tantôt, comme en France, on l'attribue au pouvoir exécutif, parce que nous inclinons davantage vers la centralisation ; cela se manifeste à chaque instant.

« Mais quoi qu'il en soit, notre Sénat et notre Chambre des députés élaborent et votent les lois. Grand pouvoir aussi. En ce qui concerne les finances, par exemple, on peut dire que notre parlement national tient les cordons de la bourse publique.

« Une loi ne devient telle qu'après l'*adoption* par les

deux Chambres ; elle ne devient obligatoire qu'après avoir été *promulguée*, c'est-à-dire publiée officiellement par le gouvernement du *pouvoir exécutif*.

« Encore un renseignement, avant de nous quitter. Nos députés sont nommés tous les quatre ans, ce qui permet de les renouveler assez souvent pour qu'ils ne s'endorment pas dans leurs fonctions. Cependant certaines personnes regardent cet espace de temps comme un peu court. En Angleterre, ils sont élus pour sept ans.

« Quant au Sénat, ses membres sont nommés, un tiers pour la vie, et les deux autres tiers pour *neuf ans*, renouvelables par tiers tous les trois ans.

« Notre Sénat a précisément pour rôle de discuter à son tour et de contrôler les actes de la Chambre des députés ; s'il remplit bien ce rôle, on pourrait l'appeler une soupape de sûreté contre les explosions des passions démocratiques. Un corps semblable est surtout indispensable dans une république : aux États-Unis, il a souvent rendu, sous ce rapport, des services éminents. »

Ici, mon jeune avocat s'arrêta et prit congé de moi par ces paroles :

— Je viens de vous faire, mon cher monsieur, un petit cours de droit constitutionnel, mais j'espère ne vous avoir pas ennuyé. Maintenant, si jamais vous avez besoin d'un conseil dans une affaire qui vous concerne, venez me trouver sans cérémonie. Je ferai de mon mieux pour vous satisfaire, car j'aime beaucoup les bons ouvriers et j'en vois en assez grand nombre. »

En achevant ces mots, il me tendit sa carte.

Jugez de ma joie, mon cher maître ; je n'en pouvais

croire mes yeux. Mais quelle longue lettre, mon Dieu !
Je n'en ai jamais tant écrit à la fois.

Tout à vous de cœur.

Jacques LECORDONNIER.

QUESTIONNAIRE. — Le corps législatif de combien de Chambres se compose-t-il ? — Quel est son rôle ? — Ce rôle est-il absolument le même chez toutes les nations libres ? — Quelle différence entre l'Angleterre et la France sous ce rapport ? — Quelles sont les attributions du corps législatif à l'égard des particuliers ; et quelles sont-elles à l'égard des services publics ? — Quand une loi adoptée par les deux Chambres devient-elle exécutoire ? — De quelle façon et pour combien de temps sont élus les députés ? — Quel est le mode d'élection pour les sénateurs ?

IV

L'IMPOT

Paris, 10 juin 18...

Mon cher maître,

Merci, toujours merci pour les renseignements que vous m'avez envoyés sur le chef de l'État et le gouvernement de la France. Mais me voilà bien en peine. Pour la première fois depuis que je suis à Paris, j'ai vu arriver de chez le percepteur de mon quartier un petit papier timbré, à l'adresse de mon patron, sur lequel figurent : *Impôt personnel et mobilier, Portes et fenêtres, Patentes.*

Cette dernière cote s'élève même à une somme assez ronde. Intrigué de ce qu'on ne m'avait envoyé rien de pareil, j'en demandai la raison au patron. Là-dessus il se mit à rire, et me dit :

« Vous êtes bien heureux, mon garçon, d'en être encore affranchi. C'est que vous ne payez pas un loyer assez élevé pour être taxé, et que d'ailleurs vous êtes logé en garni, mais cela viendra avec le temps, soyez-en sûr. Quant à la *Patente*, c'est une contribution que paient tous les patrons et chefs d'industrie quelconque. La charge en est assez lourde, mais le gouvernement a besoin d'argent pour faire face à toutes les dépenses de l'État, et, pourvu qu'il ne le gaspille pas, ce qui arrive parfois, je suis d'avis qu'un bon citoyen doit s'acquitter sur ce chapitre sans rechigner. Du reste, le travail ne va pas mal, en ce moment, et le fardeau est moins lourd qu'en d'autres années. »

Rentré dans ma chambre, ce qui venait de se passer me fit réfléchir; mais j'eus beau me creuser la tête, je n'en fus pas beaucoup plus avancé. Comprenant enfin que les premières connaissances me manquent, je pensai naturellement que vous pourriez me donner quelques informations sur ce sujet. C'est pourquoi je m'adresse encore à vous, mon cher maître.

J'attendrai votre réponse avec impatience.

Veuillez dire à ma bonne mère que je lui écrirai d'ici à deux ou trois jours.

Votre ancien élève et respectueusement dévoué,

Jacques Lecordonnier.

Notre ardent ouvrier ne se lassait pas d'écrire à M. Bernard; mais celui-ci ne trouvait pas toujours le temps de lui répondre. Quelquefois il laissait s'accumuler trois ou quatre missives, ou bien il lui envoyait, en guise de réponse, une leçon qu'il venait de faire à ses élèves. Il en fut ainsi de l'impôt, sujet qui avait suggéré à Nicolas Blandin plusieurs questions assez importantes pour lui et pour tout le monde. Nous ferons un peu comme M. Bernard, et nous copierons son travail, contenu dans un cahier renfermant tout son cours d'instruction civique.

— Vous avez déjà appris, mes enfants, que nous possédons une armée pour nous défendre sur terre, une flotte pour nous protéger sur toutes les mers; de grandes écoles bien construites, bien aérées, où nous vous donnons l'instruction. L'armée seule coûte plus de 500 millions par an; mais il y a encore bien d'autres dépenses. Sur toute la surface de la France, il faut de grandes voies de communication qu'on appelle des routes *nationales;* d'autres moindres qu'on nomme routes *départementales* et *cantonales,* enfin des *chemins vicinaux.* Il faut des canaux pour relier entre eux les rivières et les fleuves; il faut des digues pour contenir ces fleuves et ces rivières à l'époque des inondations; il faut des forteresses pour défendre le pays en cas d'invasion et pour servir de points de ralliement à nos armées; il faut des ports militaires, échelonnés le long de nos côtes pour les protéger en cas de guerre maritime; que sais-je encore? Il faut de l'argent partout et pour tout. Or, où voulez-vous que le gouvernement ou la patrie (c'est tout un ici) le prenne, si ce n'est dans la poche des contribuables; en d'autres termes, de ceux qui en profitent? L'argent ainsi levé tous les ans s'appelle l'impôt, parce que c'est une taxe légitime *imposée* à chacun comme un devoir qu'il doit remplir.

Vous avez bien vu arriver chez vos parents des petits papiers imprimés et timbrés, envoyés par le percepteur, et qu'on appelle le *rôle des contributions*. Quelquefois vos bons parents font la grimace en recevant ce petit papier, parce que, dans certains temps, l'impôt paraît dur à supporter : la moisson a été mauvaise, le travail ne va pas; ou encore on a eu à faire des dépenses extraordinaires; et pourtant il faut payer.

Pourquoi? C'est que, dans les mauvaises comme dans les bonnes années, le gouvernement continue son œuvre de protection : il paie toujours les magistrats qui punissent les crimes et les délits; les gendarmes qui arrêtent les voleurs ou les assassins; la police, qui maintient l'ordre général et local; et pour cela, encore une fois, il faut de l'argent, beaucoup d'argent. Cette police, contre laquelle on crie quelquefois, veille à la sûreté de nos propriétés publiques ou privées, de nos rues et de nos chemins. Le garde-champêtre vous en dira bien quelque chose.

L'impôt se divise en deux catégories distinctes : les *contributions directes* et les *contributions indirectes*.

Je ne vous parlerai aujourd'hui que des premières.

Qu'est-ce que l'*impôt direct?*

C'est celui qu'on lève sur les citoyens en vertu d'un *rôle* ou *état*, indiquant le nom du contribuable et le montant de ce qu'il doit.

L'impôt direct se divise lui-même en quatre classes :

1° La *contribution foncière*, prélevée sur les maisons et les terres de toutes sortes, bois, prairies, champs cultivables, vignes, etc., etc;

2° La *contribution personnelle et mobilière;*

3° Les *portes et fenêtres;*

4° La *contribution des patentes.*

Tâchez maintenant de retenir les explications que je vais vous donner.

En premier lieu, la contribution *foncière* proprement dite.

A deux pas d'ici, nous avons le comte de Bellefontaine, qui a une grande terre, bordée d'une forêt magnifique et qui possède de beaux bestiaux. Il passe pour être riche, et il l'est effectivement, mais il fait un bon usage de sa fortune, il secourt beaucoup de malheureux et nous donne, à nous, tous les ans, de beaux livres pour notre distribution des prix. Eh bien, mes amis, M. de Bellefontaine paie au gouvernement une contribution directe proportionnelle au montant du revenu qu'il retire de ses terres. Sans doute, il paie dix fois plus que vos parents ; mais c'est juste, puisqu'il a dix fois plus de fortune. Ainsi, quelle que soit l'importance de la portion de terre qu'on possède, chacun ne paie comme contribution qu'à raison du revenu qu'il en retire. Voilà donc ce qu'on entend par l'impôt *foncier*, c'est-à-dire tiré du sol même ; et, pour être sûr d'être plus juste, le gouvernement, au moyen de ses ingénieurs, a divisé tout le territoire français en autant de portions ou *parcelles*, dont la valeur est estimée sur la base du *revenu net moyen*.

Voilà qui est bien compris, j'espère.

Passons à la seconde classe des contributions directes, ou à l'impôt *personnel* et *mobilier*.

Qu'est-ce qu'on entend par la contribution *personnelle* et *mobilière?*

D'après l'Assemblée constituante qui l'a établie, c'est un impôt frappant tous les revenus autres que ceux des propriétés immobilières ou territoriales.

N'oubliez pas que celles-ci se composent de terres ou de maisons.

La contribution *personnelle* est un droit fixe, équivalant à trois journées de travail et atteignant tout le monde, excepté les indigents et les officiers commandants de troupes en activité. On l'appelle aussi impôt de *capitation*, parce qu'il tombe, pour ainsi dire, sur la tête (*caput*) de chacun.

Quant à la contribution *mobilière*, elle varie suivant l'importance de l'habitation qu'on occupe. Celle-ci est-elle riche et somptueuse, comme celle de M. de Bellefontaine, par exemple : on paye davantage. Est-elle petite et modeste comme la nôtre, on paye beaucoup moins. Vous le voyez, les impôts sont toujours proportionnels à la position relative de chaque citoyen. J'ajoute que la taxe *personnelle* est payée une seule fois, là où l'on a son domicile réel : quant à la taxe *mobilière*, elle est due pour chaque habitation meublée que l'on possède.

Enfin, toutes deux ne sont payées que par le locataire, ou fermier, qui jouit de l'habitation. Si c'est le propriétaire qui possède et jouit tout à la fois, l'impôt personnel et mobilier sera surajouté à l'impôt foncier.

Que faut-il entendre par l'impôt des *portes* et *fenêtres ?*

C'est une taxe prélevée sur toutes les portes qui donnent accès dans les maisons et sur toutes les fenêtres ou ouvertures par où pénètrent l'air et la lumière dans une habitation. Du reste, cet impôt se monte en réalité à peu de chose pour chacun au bout de l'année.

Que faut-il entendre par l'impôt des *patentes ?*

C'est une contribution levée, sauf certaines exceptions, sur le commerce, les industries, les professions diverses. Cet impôt est toujours fixé à raison de l'importance de la profession qu'on exerce. Encore y en a-t-il appelées libérales, comme celles d'avocat, de médecin, de notaire, d'huissier, dont les patentes sont frappées d'un droit moins élevé que celles des commerçants ou des industriels.

Voilà, mes enfants, un court résumé de ce que nous entendons par les *contributions directes*.

Ce peu suffira, j'espère, pour vous en donner une idée claire et distincte ; plus tard, vous pourrez étudier ce sujet de plus près, si vous en avez besoin.

QUESTIONNAIRE. — Pourquoi est-ce un devoir de payer l'impôt à l'État? Qu'entend-on par un impôt? Quel est le terme dont on se sert d'ordinaire pour désigner l'impôt? — Comment se divisent les impôts? Qu'est-ce qu'un impôt direct, et combien y a-t-il d'impôts directs? — Qu'entend-on par contribution foncière, et sur quoi frappe-t-elle? — Qui doit payer l'impôt foncier? — Qu'est-ce que la contribution personnelle et mobilière? — A quoi équivaut la contribution personnelle? — Pourquoi l'appelle-t-on encore un impôt de capitation? — Qu'entend-on par la contribution mobilière, et sur quoi tombe-t-elle? — Combien de fois est due la contribution personnelle, et où est-elle payée? — Qui doit payer la taxe mobilière? — Qu'est-ce que l'impôt des portes et fenêtres? Qui doit l'acquitter? — Qu'entend-on par la contribution des patentes et sur quelle classe de citoyens tombe-t-elle?

Faire faire aux élèves une rédaction claire et précise sur les détails qui précèdent, mais s'assurer d'avance par des questions orales, si ces derniers ont été bien compris.

LES IMPOTS INDIRECTS

— Nicolas Blandin, dit M. Bernard, voulez-vous répondre à une question? Quand vous allez acheter pour votre mère du sucre, du café, du vin ou d'autres marchandises, dont on a besoin tous les jours dans le ménage, vous fait-on payer un impôt? ou bien encore, voyez-vous arriver de temps en temps chez vous un rôle des contributions, envoyé par le percepteur, comme pour les contributions directes?

— Non, Monsieur, se hâta de répondre l'enfant. Jamais il n'est arrivé quelque chose de pareil chez nous.

— Alors on ne paie pas d'impôt pour toutes ces denrées?

— Certainement non, Monsieur.

— C'est ce qui vous trompe. On en paie souvent de fort lourds, qui rapportent beaucoup d'argent au gouvernement; seulement l'acheteur ne s'en aperçoit pas, comme cela vous est arrivé, parce que l'impôt est confondu dans le prix de la marchandise. Et voilà pourquoi on appelle ces taxes encore *contributions indirectes*, ou impôts de consommation. Comment définirons-nous donc ces sortes d'impôts?

Ce sont des droits perçus sur les divers objets que chacun consomme, ou sur d'autres tels que titres de rente, billets à ordre, etc.

Comment divise-t-on les impôts indirects?

D'abord en *impôts de consommation;* puis en *impôts de mutation*, ou de changement, parce que les héritages ou successions, les propriétés, les domaines, en passant de main en main, acquittent certains droits.

Jetons un rapide coup d'œil sur l'organisation et l'administration de ces divers impôts, comme nous l'avons fait pour les contributions directes. Dans les unes comme dans les autres, on distingue quatre classes :

1° Contributions indirectes proprement dites;

2° Douanes ;
3° Enregistrement, timbre, etc., etc. ;
4° Postes et télégraphes.

La première renferme exclusivement ce que nous avons appelé des impôts de consommation : le sel, les boissons, le sucre, les cartes à jouer, les transports des voyageurs et des marchandises, les tabacs, les allumettes, etc. Tout cela paie l'impôt indirect. Mais cet impôt est toujours compris dans le prix de la marchandise que vous achetez, ou dans le service dont vous profitez, comme lorsque vous voyagez en chemin de fer ou sur un bateau à vapeur. C'est le fabricant ou le producteur qui acquitte le droit perçu par l'administration ; mais en réalité c'est le consommateur qui le paie, puisque le producteur l'ajoute au prix de sa marchandise. Voilà donc comment on se trouve payer un impôt lorsqu'on achète du sucre, du café, du vin ou autres denrées pour l'usage quotidien.

Mais, direz-vous, quels sont les moyens employés par l'administration pour connaître, constater et suivre dans ses transformations la matière qu'on impose ? Car enfin, beaucoup de gens cherchent à s'y soustraire.

D'abord ceux qui détiennent ou gardent chez eux ces diverses denrées sont obligés de faire ce qu'on appelle une *déclaration*. Après la déclaration, un agent du gouvernement en constate l'exactitude, et le fabricant ou producteur reçoit en échange une *licence* ou permission qu'il paye, et qui l'autorise à vendre librement ses produits.

Passons maintenant à la seconde classe des contributions indirectes, c'est-à-dire aux *douanes*.

Ici, dans nos Ardennes, situées non loin de la frontière belge et de la frontière allemande, nous voyons souvent passer de nuit et de jour des escouades de *douaniers* chargés de poursuivre les *contrebandiers*, et de veiller à ce qu'ils n'introduisent pas en France des marchandises étrangères, sans acquitter les droits à l'entrée ou à la sortie du territoire. Ces droits levés à l'entrée, s'appellent des *droits d'importation*, comme on nomme *droits d'exportation* les taxes levées à la sortie. Quel est le but principal de ces taxes imposées aux marchandises étrangères? C'est de protéger l'industrie nationale. Certains peuples ont des facilités particulières de fabrication à meilleur marché que les fabricants français, et alors, pour rétablir l'équilibre, les produits de ces peuples sont assujettis à des droits équivalant à la différence.

Quant aux impôts indirects de la troisième classe, ceux de l'*enregistrement* et du *timbre*, ils concernent particulièrement les droits de mutation des propriétés immobilières et des propriétés mobilières, telles que les effets de commerce et les placements de fonds. Mais c'est là un sujet qui n'est pas encore tout à fait à votre portée, mes chers enfants, et sur lequel il sera bon de revenir un jour.

En ce qui concerne les *postes et télégraphes*, c'est, à vrai dire, un service rendu au public plutôt qu'un impôt. Pour une somme tout à fait minime, représentée par le timbre d'une lettre, que nous y appliquons nous-mêmes, l'administration nous met en rapport rapide et quelquefois instantané, par le télégraphe, avec nos correspondants séparés de nous par des distances énormes.

QUESTIONNAIRE. — Y a-t-il d'autres impôts que les impôts directs? — Comment les appelle-t-on et sur quels objets portent-ils? — Pourquoi les appelle-t-on *contributions indirectes*? — En combien de branches se divisent ces contributions? — Que faut-il entendre par un impôt de *consommation* et un impôt de *mutation*? — Sur quoi porte le premier et sur quoi le second? — Que veut dire le mot *mutation*? — N'y a-t-il pas d'autres transactions, telles que les baux et les successions, qui soient frappées d'un impôt indirect? — Dans ce cas, comment l'impôt est-il représenté? Par le prix de l'enregistrement et du papier.

Qu'entend-on par les *douanes* et en quoi consistent-elles?

La taxe payée au gouvernement pour les postes et télégraphes est-elle un véritable impôt? — Que représente en réalité le timbre apposé sur une lettre timbré.

V

DE L'ADMINISTRATION FRANÇAISE

1° — LA CENTRALISATION

Très probablement, mes chers enfants, plusieurs d'entre vous ont entendu retentir à leurs oreilles le mot de *centralisation*, ou bien encore : « Les Français sont un peuple essentiellement centralisateur. » Mais vous êtes-vous demandé ce que signifie ce mot : *centralisation*? — J'en doute et, en tout cas, il est bon, je crois, que je vous en donne une courte définition.

Le mot *centralisation*, quand il s'agit d'un État, est une certaine organisation de la société, grâce à laquelle tous les agents ou organes du gouvernement sont nommés par un pouvoir unique qui réside au cœur ou au centre de la nation. D'ordinaire, ce centre se trouve dans la capitale, et, de fait, en France, Paris en est le siège. Ainsi donc, chez nous, je le répète à dessein, tous les éléments qui composent notre organisation politique partent d'un même point central ou bien y retournent, c'est-à-dire y convergent pour concourir par leur action respective à un but commun. Tâchez, mes amis, de ne pas oublier cette définition, et surtout tâchez de la bien comprendre; car cette centralisation puissante est un des traits saillants de notre caractère national. Quelques-uns disent même que, si depuis un siècle environ, nous avons résisté à tant de secousses, à tant de révolutions, nous le devons à notre système de centralisation à outrance. Mais je n'ai pas, bien entendu, à vous parler de ce sujet : j'ai uniquement pour but de vous donner quelques notions sur l'administration de notre pays.

Je viens de vous définir d'une manière générale la *centralisation*, mais cette définition elle-même se divise, dans la pratique, en *centralisation gouvernementale* et *centralisation administrative*.

Que faut-il entendre par centralisation *gouvernementale?* C'est la réunion entre les mains de l'État ou de son chef de tous les pouvoirs qui constituent la *Souveraineté* : tels sont le droit de défendre le sol national, de maintenir l'ordre à l'intérieur, d'entretenir des relations politiques à l'extérieur, de rendre la justice, de battre monnaie, etc. — Cette centralisation-là existe dans tout pays; sans elle il n'y aurait pas d'unité nationale. Aussi, la centralisation gouvernementale se retrouve en Angleterre ou aux États-Unis, absolument comme en France, mais avec des caractères différents. N'oubliez pas que sans ces pouvoirs, il n'y aurait véritablement pas d'État.

Cependant il y a encore beaucoup d'intérêts sociaux pour lesquels l'intervention directe de ce même

État n'est pas indispensable. Par exemple, le culte, l'instruction publique, la charité ou bienfaisance peuvent très bien être gérés par l'initiative privée ou associée des citoyens. Le fait a lieu chez plusieurs nations européennes et en Amérique. En France, le pouvoir public a une très grande part dans la gestion de ces divers intérêts collectifs, et c'est ce qu'on appelle la centralisation *administrative*.

Je dois dire, toutefois, que, depuis environ un demi-siècle, on a beaucoup restreint l'intervention du gouvernement dans les intérêts locaux. Voyons maintenant comment procède, dans la pratique, notre centralisation *administrative*.

Lorsque j'ai eu à vous parler des *agents* ou *organes* du gouvernement, préfets, sous-préfets, maires, etc., nous avons toujours trouvé, à côté d'eux, des *conseils* destinés à les éclairer par leurs délibérations afin d'éviter des erreurs possibles et souvent funestes. Tels sont les *conseils municipaux*, les *conseils d'arrondissement*, les *conseils généraux* et ainsi de suite. Eh bien, dans la haute administration française, nous retrouvons partout ce système de conseils, composés le plus souvent d'hommes spéciaux dont la mission est de discuter les questions techniques (1) et d'empêcher ainsi les erreurs dont je vous parlais à l'instant. Citons pour exemples : le conseil de préfecture, le conseil supérieur de l'instruction publique, des mines, des ponts et chaussées : or, les ministres eux-mêmes sont parfois fort heureux de s'appuyer sur l'expérience de ces conseils compétents. Remarquons néanmoins que

---

(1) *Technique* : ce qui se rapporte à un art, à une science ou une profession.

le gouvernement n'est pas obligé de suivre leur avis.

Telle est la part de ce qu'on peut appeler la *délibération*, dans le pouvoir administratif. Actuellement, quelle est la part de l'*action !*

Quand j'emploie ces deux mots : *action administrative,* j'indique par là les agents chargés de l'exécution de tous ces vœux exprimés ou de toutes ces décisions prises par les conseils compétents. Ces derniers ayant discuté et délibéré, le rôle des agents commence. Ainsi ces agents concourent, pour leur part, à gérer les intérêts de tous. Eux seuls font fonctionner les services publics, recouvrent les impôts, effectuent les dépenses et assurent le bon ordre par des mesures de police générale.

Ici, se présente une question : est-ce que la mission d'exécuter les lois et règlements d'une société est confiée à un seul ou à plusieurs agents à la fois ? Toujours à un seul et voici pourquoi : vous aurez beau livrer à des hommes compétents, honorables entre tous, le pouvoir d'exercer en commun une action administrative, il y a tout à parier qu'ils n'arriveront pas à l'unanimité dans l'exécution des ordres reçus du pouvoir central.

Il faut donc absolument *un seul agent* qui soit responsable, qui soit, dans ce cas, le chef des autres, lesquels lui seront subordonnés. Cet *agent unique* sera comme le bras ou l'organe du grand pouvoir exécutif résidant au centre. C'est juste le contraire de ce qu'essaya l'Assemblée législative en 1792 dans notre première Révolution ; elle établit un système d'*agents collectifs* qui dura jusqu'à l'an VIII, mais bientôt le désordre se montra partout et il fallut en revenir à *l'unité* dans l'action administrative.

QUESTIONNAIRE. — Que faut-il entendre par le mot *centralisation*? — Quel est un des traits fondamentaux du caractère français? — Quel est, en France, le caractère des *agents* de l'administration? — Que faut-il entendre par *centralisation gouvernementale? administrative?* — Y a-t-il des intérêts sociaux où des associations de particuliers peuvent remplacer l'action gouvernementale? — Nommez-en quelques-uns. — Sous quels rapports l'action du gouvernement dans les intérêts locaux a-t-elle été modifiée depuis cinquante ans? — Dans la *centralisation administrative*, comment se partagent la *délibération* et *l'action*? — Quel est le rôle des divers conseils? — Quel est celui des agents? — L'action est-elle confiée à *un* ou *plusieurs agents*? — Pourquoi, dans chaque fonction, ne la confie-t-on qu'à un agent *unique*? — A quelle époque essaya-t-on de remplacer ce *fonctionnaire unique* par des *fonctionnaires multiples*? — Ce dernier système a-t-il prévalu? — Pourquoi non?

2° — JURIDICTION ADMINISTRATIVE

Ainsi, mes amis, nous avons un nombre très considérable d'agents administratifs répandus sur toute la surface de la France et représentant, chacun dans sa spécialité, une portion du pouvoir suprême. On a même appelé quelquefois cet ensemble d'agents, une armée de fonctionnaires. Naturellement, tous ces hommes que nous supposerons pleins de bonne volonté, de zèle, d'expérience et de talent, ont affaire sans cesse à la masse des citoyens et à des milliers d'intérêts privés qu'il s'agit de concilier très souvent avec les intérêts collectifs. La tâche est assurément difficile et les actes d'un agent du pouvoir peuvent par plus d'une raison léser les intérêts de tel ou tel particulier.

A qui donc alors avoir recours pour se faire rendre justice? Un particulier trouve qu'une mesure de l'administration a pour lui de graves inconvénients : il ne peut recourir aux juges, si aucune question de droit n'est soulevée. Le citoyen en question a d'abord pour ressource de s'adresser directement au supérieur du fonctionnaire qui a pris la décision, en lui demandant de l'annuler ou de la modifier. Cette sorte de requête a un nom, on l'appelle : un *recours par voie gracieuse.* Jusque-là, les choses se passent à l'amiable.

Mais l'acte administratif peut léser un droit légal ou violer un règlement au préjudice d'un citoyen. En ce cas, celui-ci s'adresse aux juges d'un tribunal ordinaire : c'est ce qu'on appelle un *recours* par *voie contentieuse* ou de discussion en justice.

Voici des exemples de ces deux cas : l'administration se propose de faire passer une route à côté, ou peut-être même à travers une partie de ma propriété. Moi, je juge que ce projet, loin de m'être avantageux, sera nuisible non seulement à moi, mais à plusieurs de mes concitoyens. Dès lors, j'adresse ma réclamation *par voie gracieuse,* au supérieur hiérarchique de l'agent qui m'a signifié le projet en question, en priant ce supérieur de revenir sur la décision prise.

Autre exemple : un vieux serviteur de l'État, un militaire si vous voulez, qui a fait de longues campagnes, reçu de nombreuses blessures, se voit refuser en tout ou en partie la pension de retraite à laquelle il a droit. Evidemment ici, ce droit est lésé, la loi méconnue, et notre vieux militaire pourra recourir, *par la voie contentieuse,* à des juges qui trancheront la question en sa faveur.

Il s'adressera pour cela à une juridiction spéciale, particulière, chargée de décider sur toutes les réclamations portées contre les actes administratifs qui violent un droit privé. Et voilà pourquoi il existe en France des tribunaux administratifs. Cette juridiction est confiée, suivant le genre de réclamation, soit à un seul agent, soit à un véritable tribunal. On appelle ce tribunal la *juridiction administrative*, et il est parfaitement distinct des tribunaux ordinaires : tandis que ceux-ci statuent sur les litiges entre particuliers, sur des délits et des crimes, la juridiction administrative est chargée de prononcer sur les conflits entre les particuliers et l'administration.

Quelques mots actuellement sur l'organisation de cette juridiction spéciale.

Elle peut, suivant le cas, être confiée à un *agent administratif* ou à un tribunal. Quand elle est confiée à un agent, celui-ci remplit les fonctions de juge. Ces juges sont : le maire, le préfet, le ministre. Si le plaignant n'est pas satisfait de la décision rendue, il peut recourir successivement du maire au préfet, au ministre et au conseil d'État. Quant au préfet et au ministre, ceux-ci ont toujours le droit de déférer la question au conseil d'État.

Voyons maintenant les *tribunaux administratifs*. Ils sont de plusieurs sortes, en partant des degrés inférieurs jusqu'à ceux qui jugent en dernier ressort. D'abord le conseil de préfecture, dont les décisions peuvent être portées, soit devant le conseil d'État, soit devant la Cour des comptes, lorsqu'il s'agit des actes d'agents comptables, par exemple.

Ensuite vient le conseil départemental, qui prononce sur les questions d'instruction publique, duquel on peut en appeler naturellement au conseil supérieur de l'instruction publique.

Ces divers tribunaux jugent seulement en premier ressort, comme les tribunaux de première instance de l'ordre judiciaire.

Il faut y ajouter encore le conseil de revision de l'armée, qui décide en appel sur les questions militaires; puis la Cour des comptes, chargée de reviser, en dernière analyse, tout ce qui concerne les recettes et les dépenses de l'État.

Enfin, au-dessus de tous, siège le conseil d'État, jugeant quelquefois, ainsi que la Cour des comptes, tantôt en appel, tantôt en dernier ressort.

Voilà, dans son ensemble, ce qu'on peut appeler la juridiction administrative. Je dois ajouter, cependant, que le conseil d'État, tout en jouant quelquefois le rôle de tribunal d'appel, de premier et de dernier ressort, est investi également d'un autre caractère, car il remplit les fonctions d'une Cour de cassation. On lui défère les décisions rendues par d'autres juridictions, jugeant *en dernier ressort*, lorsqu'elles ont mal interprété la loi, telles que les décisions des conseils de revision de l'armée et celles de la Cour des comptes.

Encore un cas qui peut être déféré au conseil d'État. Tous les actes des agents administratifs, toutes les décisions des tribunaux administratifs peuvent être portés devant le conseil suprême, lorsque ces actes, décisions ou jugements sont accusés d'être un *excès de pouvoir*.

Qu'est-ce qu'un excès de pouvoir? c'est un acte ou jugement fait ou rendu sans les formalités prescrites par la loi, ou encore par un fonctionnaire qui a dépassé ses attributions. Dans ce dernier cas, on peut, sans passer par les juridictions inférieures, saisir directement le conseil d'État du conflit.

Mais, me direz-vous peut-être, pourquoi n'a-t-on pas confié aux tribunaux ordinaires, la décision de tous les conflits administratifs? Parce que l'on a pensé, non sans raison, que, dans les affaires administratives, il fallait des connaissances spéciales qui s'acquièrent moins par l'étude des lois que par la pratique de l'administration.

QUESTIONNAIRE. — A combien d'espèces de réclamations peuvent donner lieu les actes de l'autorité administrative? — Donnez en des exemples? — Que faut-il entendre par le contentieux administratif? — Quelle juridiction est chargée de statuer sur le contentieux administratif? — Faites connaître l'organisation et les divisions de la justice administrative, en commençant par les degrés inférieurs? — Quels sont les agents qui jugent? — Quels tribunaux jugent en premier ressort? — Quels jugent en appel, ou en dernier ressort? — Quelles fonctions diverses le conseil d'État exerce-t-il dans les conflits qui lui sont soumis? — Qu'est-ce qu'un excès de pouvoir et, dans ce cas, comment le plaignant peut-il procéder pour obtenir justice? — Pourquoi n'a-t-on pas confié aux tribunaux ordinaires la décision des contestations administratives?

3° — LE CONSEIL D'ÉTAT

Vous me demanderez quel est donc ce conseil d'État dont le nom revient à chaque instant? Pour mieux répondre à cette question, je vous lirai un résumé historique sur l'origine et la formation de ce conseil que je trouve dans un excellent ouvrage sur l'instruction civique.

Dès les temps les plus reculés, alors que le pouvoir de faire les lois, d'administrer et de rendre la justice était concentré dans leurs mains, les rois sentirent le besoin d'appeler auprès d'eux ceux de leurs sujets qui pouvaient, par leur situation et leurs lumières, le mieux les aider dans l'accomplissement de leur triple tâche. Telle fut l'origine du conseil du Roi.

Ce conseil, dont se détacha au quatorzième siècle le Parlement de Paris, plusieurs fois remanié et transformé, subsista jusqu'à la Révolution.

Les lois de 1790 et 1791 supprimèrent le conseil ou plutôt les conseils d'État avec tous les tribunaux de privilège, et donnèrent le nom de conseil d'État à la réunion de tous les ministres présidés par le roi. Le conseil d'État se confondait ainsi avec le conseil des ministres.

Sous la Constitution de l'an III (1794-1795), il n'y a plus ni conseil d'État ni conseil des ministres. A côté du Directoire exécutif, chaque ministre investi d'un pouvoir administratif et d'un pouvoir de juridiction, agit isolément.

Enfin la Constitution de l'an VIII rétablit cette institution d'ancien régime, en la mettant en harmonie avec les institutions nouvelles qu'elle crée. Sous le premier Empire, le Corps législatif avait un rôle très effacé. Il votait les lois, mais sans discussion préalable. A plus forte raison, ses membres n'avaient-ils pas l'*initiative parlementaire*, c'est-à-dire le droit de proposer un projet de loi. Ce qu'elle avait enlevé au Corps législatif, la Constitution l'avait donné au conseil d'État. C'était lui qui avait la mission de rédiger les projets de loi; trois conseillers d'État les présentaient au Corps législatif avec un exposé des motifs. Le conseil d'État rédigeait les règlements d'administration publique, enfin il fixait le sens des lois, sur la demande du gouvernement. En outre, le conseil d'État était un conseil d'administration, donnant son avis sur les projets de décrets toutes les fois que le gouvernement le jugeait utile ou dans tous les cas où la loi l'exigeait. En dernier lieu, il formait une haute juridiction administrative.

La Restauration, en maintenant le conseil d'État, s'efforça de diminuer l'importance qu'il avait acquise sous le régime précédent. Cette importance était d'ailleurs incompatible avec le régime parlementaire qu'elle établissait. Aussi le conseil d'État ne figurait-il pas au nombre des corps politiques, la Charte ne le nommait pas, il ne fut pas même réorganisé par des lois, mais par de simples ordonnances royales. Il devint étranger à la préparation et à la discussion des lois ; il resta un conseil administratif et une juridiction.

Sous le gouvernement de Juillet, son caractère et son rôle furent les mêmes que sous la Restauration.

Le conseil d'État redevint un corps politique en 1848. On sait que sous la Constitution républicaine de cette époque, un président de la République, élu au suffrage universel, et une Chambre unique se partageaient le gouvernement de la France. Les auteurs de cette Constitution s'étaient rendu parfaitement compte de l'énorme force morale que le président puiserait dans les suffrages qu'il aurait obtenus, suffrages égaux en nombre à ceux qui auraient élu la Chambre entière ; un conflit était à redouter entre ces deux pouvoirs rivaux, mis en présence l'un de l'autre. Ils avaient pensé que le rôle de médiateur que joue la Chambre haute dans les monarchies constitutionnelles et dans beaucoup d'États républicains, pouvait être rempli, en partie, par le conseil d'État. En conséquence, la Constitution et les lois lui donnaient une certaine participation aux actes du pouvoir exécutif. Dans ce système, il fallait que le conseil d'État fût indépendant du gouvernement sur les actes duquel il exerçait un contrôle. Aussi les conseillers d'État étaient-ils nommés, non par le président de la République, mais par l'Assemblée nationale. Mais ces précautions furent vaines et l'histoire nous apprend par quels moyens violents le président se débarrassa, du même coup, de l'Assemblée et du conseil.

L'Empire réorganisa le conseil d'État sur des bases analogues à celles de l'an VIII et lui donna à peu de chose près les mêmes attributions.

Le gouvernement du 4 Septembre 1870 suspend le conseil d'État et nomme une commission provisoire pour en remplir les fonctions.

La loi du 14 mai 1872 rétablit le conseil d'État ; c'est la loi actuellement en vigueur, sauf quelques modifications ultérieures (1).

Aujourd'hui, le conseil d'État est un corps administratif investi de quelques attributions relatives à la préparation des lois et formant une juridiction suprême.

Voici les divers membres qui le composent, tous nommés par le chef de l'État :

---

(1) *La Commune, le Département, l'Etat*, par M. Pégat. Paris, Putois-Cretet.

Le ministre de la Justice, président; un vice-président choisi parmi les conseillers ordinaires;

Trente-deux conseillers ordinaires;

Dix-huit conseillers extraordinaires;

Trente maîtres des requêtes;

Douze auditeurs de première classe;

Vingt-quatre auditeurs de deuxième classe, mais nommés à la suite d'un concours.

QUESTIONNAIRE. — Quelle est l'origine du conseil d'État? — Comment s'appelait d'abord ce conseil? — Quelle grande institution française se détacha au quatorzième siècle de ce conseil? — Quelle transformation l'Assemblée constituante opéra-t-elle dans l'organisation du conseil d'État? — Quel fut le résultat de cette transformation sous le point de vue administratif? — Sous le Directoire, comment nommait-on les administrateurs départementaux? — Quel nouveau changement la Constitution de l'an VIII opéra-t-elle dans le conseil? — Quel fut le rôle du conseil d'État sous la Restauration? — Sous la monarchie de Juillet? — Et sous la République de 1848? — Quels furent l'organisation et le rôle de ce corps administratif sous le second Empire? — Quelles sont les dernières modifications opérées dans le conseil d'État? — Quel est l'état de choses actuel? — Qui nomme les membres du conseil d'État? — Le président? — Le vice-président? — Combien y a-t-il de conseillers ordinaires? — Extraordinaires? — Maîtres des requêtes? — Auditeurs de première classe? — De deuxième classe? — Par quelle voie ces derniers sont-ils admis au conseil?

VI

LA JUSTICE

JUSTICE CRIMINELLE. — LE JURY

Un soir d'été, M. Bernard était sur le pas de sa porte et humait l'air frais pour se reposer de ses fatigues du jour. Le soleil était déjà couché et les ombres de la nuit commençaient à envelopper la petite ville de Beaumont-sur-Aire, tandis que les troupeaux revenaient lentement de la prairie voisine. Tout à coup, le maître d'école entendit une certaine rumeur et des cris qui s'élevaient non loin de lui. Surpris, un peu inquiet même, il allait sortir pour s'enquérir de la cause d'un bruit si insolite à cette heure, lorsqu'il vit accourir d'un air tout effaré Jules Blanchard. A peine arrivé, l'enfant s'écria hors d'haleine :

— Ah! monsieur Bernard, si vous saviez, si vous saviez!

— Qu'est-ce donc? fit l'instituteur.

— Monsieur, reprit le petit Jules, nous étions Nicolas Blandin et moi, à jouer sur la place du Marché, quand nous voyons déboucher quatre gendarmes escortant un prisonnier auquel on avait mis des menottes. C'était un fort gaillard et qui avait très mauvaise mine. Vous pensez bien qu'il y avait foule derrière lui et chacun demandait ce que le prisonnier avait fait. Je fis comme les autres et je suivis. « C'est un contrebandier », disait l'un. « C'est un voleur, » disait l'autre. Mais, au fond, personne n'en savait rien. Enfin, le père de Blandin qui était aussi là sur la place, s'approchant des gendarmes, demanda à voix basse à l'un d'eux pour quel crime ils emmenaient cet homme à Bar-le-Duc. Le brigadier, se penchant sur la selle, répondit : « C'est un assassin; il a tué au village de Waly une vieille femme, chez laquelle il croyait trouver de l'argent. »

Sur-le-champ le mot *assassin* court de bouche en bouche, et de toutes parts il s'élève des cris de malédiction contre cet homme. Dans la bagarre, il voulut saisir un moment favorable pour s'échapper ; mais alors, vous auriez vu chacun se jeter sur lui prêt à l'écharper. Les quatre gendarmes ont eu beaucoup de peine à le sauver. De là le tapage et les cris que vous avez entendus. Mais, Monsieur, comme c'est abominable de tuer une pauvre vieille femme pour avoir son argent ! Quand ce malfaiteur sera arrivé à Bar-le-Duc, on va le guillotiner tout de suite, pas vrai ? Il l'a bien mérité, allez !

Ici, Jules Blanchard s'arrêta tout essoufflé, et par sa course précipitée, et par les paroles mêmes qu'il venait de prononcer. Alors, le bon maître reprit en ces termes :

— Mon cher enfant, quand un homme est accusé d'un crime ou même d'un délit, on ne va pas si vite en besogne que vous le supposez. Il faut d'abord qu'il soit interrogé par un juge spécial qu'on appelle *juge d'instruction*; qu'on entende les témoins à *charge*, c'est-à-dire contre lui, comme aussi les témoins à *décharge*, autrement dit, ceux qui le croient innocent. Puis, quand tout cela est fait, l'accusé comparaît aux *assises* devant le *jury* présidé par un juge de la *Cour d'appel*.

— Les assises, le jury, interrompit Jules, qu'est-ce que c'est que ça, Monsieur ?

— Je m'attendais à votre question, mon cher Jules, mais il est trop tard, ce soir, pour vous donner des explications, auxquelles vous ne prêteriez peut-être pas une grande attention dans l'état où je vous vois. Aussi bien, je me proposais précisément de vous faire demain une leçon sur la *Justice*; l'occasion sera bonne : donc, allez vous coucher et à demain.

Le lendemain, à la seule annonce de cette nouvelle, le petit peuple écolier fut tout oreilles. La scène de la veille était présente à la mémoire de chacun, et l'on eût entendu une mouche voler dans la salle.

— Mes amis, dit l'instituteur, hier au soir, vous avez été tous frappés de ce qui s'est passé devant vos yeux. Vous avez vu emmener, sous la garde des gendarmes, un homme accusé d'assassinat ; il est donc fort simple que je vous fasse connaître les terribles épreuves qu'il va traverser.

Après avoir été enfermé dans la prison de Bar-le-Duc, où il subira un premier interrogatoire du juge d'instruction, qui préparera ou *instruira* l'affaire, on lui donnera un avocat, ensuite il comparaîtra aux *assises* pour être jugé. De l'issue de ce procès criminel dépendra ou sa vie ou sa mort. Là il trouvera douze *jurés* qui décideront de sa culpabilité ou de son innocence. Ce jury de douze citoyens sera dirigé par un conseiller à la *Cour d'appel*, assisté de deux juges également conseillers.

Le jury est une institution établie en France en 1791, et qui, depuis lors, n'a jamais cessé de fonctionner. Il n'a été créé que pour prononcer dans les causes criminelles, et l'on appelle son jugement un *verdict*, de deux mots latins, *veré dictum*, ce qui signifie jugé selon la vérité. On a pensé, et non sans raison, que c'est une sauvegarde pour les accusés d'être jugés par des hommes pris dans les rangs éclairés de la société et arrivant au tribunal sans préventions, sans être initiés aux finesses juridiques, mais fermement résolus à donner leur opinion conformément à leur conscience et à leur raison. Chacun de ces jurés est tiré au sort et, une fois élu, il ne peut refuser de remplir ses fonctions redoutables, sous peine d'une grosse amende. Remarquez-le, mes enfants : le jury prononce exclusivement sur le fait, à savoir si, oui ou non, l'homme placé devant lui est coupable du crime dont on l'accuse.

Quant à l'application de la peine légale, c'est l'affaire du président et de ses deux assistants ou *assesseurs*.

Vous me demanderez ce que veut dire le mot *jury*. Ce mot vient du latin *jurare*, *prêter serment* devant Dieu, parce que chaque juré prête tout d'abord le serment de remplir son devoir en son âme et conscience. Je vous ai dit que l'institution du jury a été inaugurée en France par la Constituante, mais cette institution n'était pas inconnue auparavant : elle était appliquée en Angleterre depuis des siècles et, sous le régime féodal, on la trouve souvent pratiquée sur une grande échelle.

Pour être juré, il faut avoir atteint l'âge de trente ans ; le juré est choisi, comme je vous l'ai dit, au sort, sur une liste générale dressée dans chaque canton et revisée au chef-lieu d'arrondissement. On a bien soin d'inscrire sur cette liste les noms des citoyens les plus honorables, parce qu'ils offrent, plus que d'autres, de véritables garanties d'impartialité. En outre, elle n'est pas bien longue, car il ne peut y avoir plus d'un juré par 500 habitants et on la renouvelle annuellement. Enfin, quelques jours seulement avant l'ouverture des assises a lieu l'élection des quarante citoyens qui forment le jury de la session. (1).

La plupart des hommes appelés à exercer ces fonctions terribles regardent comme un honneur de ne

---

(1) Tout juré qui ne s'est pas rendu à son poste sur la citation qui lui est notifiée, est condamné par la Cour d'assises à de fortes amendes, et à la troisième fois, déclaré incapable d'exercer à l'avenir les fonctions de juré.

pas s'y refuser, mais en même temps, lorsqu'il s'agit de causes difficiles ou douloureuses, ils sont remplis d'une véritable épouvante en songeant à leur lourde responsabilité. J'en ai connu un qui passa des nuits et des jours, qui s'imposa un labeur long et pénible pour arriver à la connaissance de la vérité, dans un procès où il s'agissait de la vie d'un homme, et, grâce au Ciel, ce scrupule si respectable fut couronné de succès. Ce seul juré finit par découvrir l'innocence de l'accusé, quoique d'abord toutes les apparences fussent contre lui. Si jamais, dans la suite de votre vie, vous arrivez à être juré, rappelez-vous cet exemple, et ne craignez aucune peine, aucun sacrifice pour parvenir à la connaissance de la vérité.

QUESTIONNAIRE. — Qu'est-ce qu'un juge d'instruction et quelles sont ses fonctions? — Qu'entend-on par le mot culpabilité? — De combien de membres se compose le jury? — D'où sont tirés les juges qui dirigent un procès criminel? — A quelle époque le jury a-t-il été établi en France? — Dans quelle sorte de procès voyons-nous figurer le jury? — Pour quelle raison a-t-on eu recours à ce mode de jugement? — Dans quelle classe de la société et de quelle façon les jurés sont-ils choisis? — Quelle est l'origine du mot *juré*? — L'institution du jury est-elle propre à la France et à quelle époque historique fait-on remonter sa naissance? — A quel âge peut-on être juré? — Comment dresse-t-on la liste générale du jury, et de combien de membres se compose-t-elle pour une session? — Quel nombre d'habitants, dans un canton, chaque juré représente-t-il? — Si un juré refuse, sans motif légitime, de remplir ses fonctions, subit-il une peine? — Quel sentiment beaucoup de jurés éprouvent-ils à la vue de leur responsabilité?

LA COUR D'ASSISES

Dans notre dernière leçon, je vous ai dit, mes amis, que le malfaiteur conduit prisonnier entre quatre gendarmes, ainsi que vous l'avez vu l'autre soir, sera obligé de comparaître devant la *Cour d'assises*. Ce triste incident me fournit l'occasion de vous donner quelques utiles explications sur l'organisation de la justice criminelle; mais, pour être plus sûr moi-même de l'exactitude de mes renseignements, je vous raconterai les faits dont j'ai été le témoin oculaire dans une cause semblable : il s'agissait aussi d'un meurtre avec préméditation.

C'était en 1850, et j'étais fort jeune alors; je venais d'être nommé instituteur adjoint à ma sortie de l'école normale de Rouen. Cette ville est célèbre, entre toutes les cités de France, pour la beauté de ses admirables monuments gothiques, et parmi ces monuments, un des plus beaux, sans contredit, est son Palais de Justice. La pureté de ses ogives,—vous savez ce que veut dire ce mot,—la finesse des dentelures qui ornent les chapitaux de ses colonnettes, la hardiesse de ses voûtes, l'éclat rayonnant de ses vitraux, tout cela, dans l'ensemble et dans les détails, est quelque chose de merveilleux. Ajoutons-y encore que les salles où se rend la justice, ont je ne sais quoi d'obscur et de recueilli qui frappe de respect pour le lieu où l'on se trouve, et le grand crucifix qui surmonte l'estrade des juges, semble ainsi dominer la justice humaine par la pensée de la justice divine.

C'était donc dans cet édifice que je me rendis un matin pour assister au procès intenté, comme je vous le disais, à un malheureux accusé de meurtre avec préméditation. Le crime avait fait grand bruit et l'enceinte de la salle d'audience était remplie de gens accourus, eux aussi, pour suivre le procès. Je m'étais fait accompagner par un ami compétent en ces matières et disposé à répondre à toutes mes questions.

D'abord il me montra, en face du banc où nous étions assis, le président et ses deux assesseurs. A leur gauche se tenait le procureur général, chargé de soutenir l'accusation contre l'inculpé, et qui, pour cette raison, porte le nom de *ministère public*, parce qu'il est censé représenter l'intérêt de la société tout entière. Il arrive cependant que le procureur général laisse ce soin, dans des causes moins importantes, à l'un de ses avocats généraux ou de ses substituts. Mais ici l'affaire était fort grave, accompagnée de détails affreux, et voilà pourquoi j'avais devant moi le chef du *Parquet*. On donne ce nom au procureur général et à tous ses agents réunis.

Avant l'ouverture de la séance, il y avait beaucoup d'agitation dans la salle. On y discutait avec une grande vivacité la culpabilité ou l'innocence de l'accusé; mais dès que l'huissier eut prononcé en entrant ces mots : « M. le président », l'assistance se tint debout et se découvrit : il se fit alors, comme par enchantement, un silence profond, pendant lequel le président tira au sort les douze jurés qui devaient siéger dans l'affaire. Durant cette opération je fus très surpris d'entendre une voix haute et claire s'écrier tout à coup : « Je le récuse. » Cela veut dire, m'expliqua mon ami, que l'avocat de l'accusé ne veut pas accepter tel ou tel juré dans la cause, soit qu'il le regarde comme trop sévère, soit pour toute autre raison à nous inconnue. Au reste, le ministère public a également le droit de récuser certains jurés, lorsqu'il se méfie de leur impartialité. Cet incident m'avait aussi indiqué la place de l'avocat, située à gauche des juges et plus bas que le tribunal.

Quant aux jurés, ils siégeaient à la droite du président qui, se levant, leur adressa d'une voix

lente et grave les paroles suivantes : « Vous jurez et
» promettez devant Dieu et devant les hommes de vous
» décider suivant votre conscience en hommes probes
» et libres. » Et les jurés, tous debout, répondirent :
« Je le jure. » Alors un frémissement parcourut l'assemblée entière, et je vis beaucoup de regards se diriger vers le Christ, auteur de toute justice.

Je n'ai jamais oublié cette scène.

Une fois les jurés assis, l'accusé fut introduit. Il portait une de ces figures qu'on est accoutumé à rencontrer en pareil cas, et où semble burinée en caractères ineffaçables l'empreinte du crime. Il prit place derrière son avocat, entre deux gendarmes, après quoi les débats commencèrent. Ces débats se prolongèrent très tard et le procès dut continuer le lendemain. Les témoins à *charge*, c'est-à-dire accusateurs, étaient très nombreux, et il fallut les entendre jusqu'au dernier. Je vous assure, mes enfants, que les détails fournis par ces témoins sur la manière dont s'était accompli le crime étaient parfois tellement odieux qu'il s'échappa dans l'auditoire des exclamations d'horreur, et que des femmes furent sur le point de s'évanouir. Quant aux témoins à *décharge*, c'est-à-dire cherchant à atténuer la criminalité de l'accusé, ils étaient en petit nombre et firent peu d'effet sur nous.

L'audition des témoins une fois terminée, le ministère public ou procureur général prit la parole et prouva, d'une façon accablante, toute la réalité du forfait dont s'était rendu coupable le criminel que nous avions sous les yeux. Je fixai les miens sur le visage de ce dernier, qui me parut à la fois blême et rigide, comme s'il se raidissait contre sa mauvaise fortune. Je m'attendais donc à ce que le président prononçât immédiatement la sentence, lorsqu'à ma grande surprise je vis se lever l'avocat pour défendre son client. Vraiment, je le trouvai fort habile. Il s'y prit de tant de façons pour démontrer son innocence; il parla si longtemps et si bien qu'il finit presque par me convaincre. J'étais fort jeune alors, je vous l'ai dit; aujourd'hui je ne jugerais probablement pas de même. Quoi qu'il en soit, une fois la plaidoirie achevée, le président se leva, et, s'adressant à l'accusé, lui dit : « Avez-vous quelque chose à ajouter pour votre défense? » Puis, sur sa réponse négative, il résuma avec une grande impartialité tous les arguments *pour* ou *contre*, et le jury passa dans une chambre voisine pour délibérer sur l'affaire.

Pendant ce temps, la séance était suspendue, et c'est alors que l'émotion éclata dans toute la salle : on aurait vraiment dit que chacun était devenu l'ami ou l'adversaire de l'accusé. Il était difficile de douter un instant que le meurtre n'eût été commis par l'homme que nous avions devant nous; mais n'y avait-il rien dans les faits qui diminuât ou atténuât la gravité du forfait? En d'autres termes, le jury n'accorderait-il pas au client de l'avocat des circonstances atténuantes? La question était importante, mes amis, car si, dans son verdict, le jury avait reconnu des circonstances atténuantes, l'accusé aurait été condamné, non à la mort, mais aux travaux forcés à temps ou à perpétuité. Aussi fallait-il voir avec quelle ardeur le public discutait. Les ombres du soir descendaient sur le vieux palais gothique et dans la vieille salle qui avait été témoin de tant de scènes lugubres, mais les jurés ne sortaient pas encore de leur salle de délibération. Enfin, la nuit était venue depuis longtemps et dix heures sonnaient déjà à la grande horloge, lorsqu'ils rentrèrent dans la salle et leur chef donna lecture de sa déclaration. « Oui, l'accusé est coupable. » C'était l'arrêt de mort ! Il ne restait plus au tribunal qu'à prononcer la sentence conformément à la loi.

En l'entendant, le meurtrier s'affaissa sur lui-même, et il fallut l'emporter dans sa prison.

Telles furent les tristes scènes auxquelles j'assistai pour la première fois quand j'avais vingt-deux ans; et elles ont laissé dans ma mémoire un souvenir ineffaçable. J'en rêvai la nuit suivante, et il se passa même quelques jours avant que je pusse recouvrer mon sang-froid ordinaire. En y réfléchissant, toutefois, je trouvai que cet assassin avait obtenu pour lui, de par la loi, toutes les garanties nécessaires d'équité et d'impartialité : nul homme ne peut en exiger davantage.

Eh bien, l'homme que vous avez vu hier obtiendra les mêmes garanties, quelle que soit, d'ailleurs, l'issue de son procès.

QUESTIONNAIRE. — Quelle est l'organisation d'une Cour d'assises? — Que remarque-t-on sur le mur du tribunal au-dessus de la tête du président? — Quel sentiment fait naître la vue du crucifix ainsi placé? — Dans une salle d'audience, quelle place occupent le président, ses assesseurs, le procureur général, l'avocat et l'accusé? — Que veut dire ce mot : *ministère public?* — Quand le procureur général prend-il lui-même la parole? — Qu'entend-on par le *Parquet?* — Quel est le cérémonial qui précède l'entrée en séance d'un tribunal? — Dans une Cour d'assises, quelle est 'a première opération du président? — Que veut dire *récuser* un juré? — Qui peut récuser et dans quel cas? — En quels termes ou selon quelle formule le président fait-il prêter serment aux jurés? — Quelle impression laisse dans le cœur des auditeurs la solennité du serment? — Quand et comment introduit-on l'accusé? — Qu'entendez vous par les témoins à *charge* et à *décharge?* — Qui prend la parole après l'audition des témoins ? — Qui réplique au ministère public ? — Après la plaidoirie de l'avocat, quelle question le président adresse-t-il à l'accusé ? — Après le résumé des débats, que se passe-t-il à l'issue de la délibération du jury ? — Le verdict une fois prononcé, que fait le président ?

JUSTICE CRIMINELLE (suite)

J'ai commencé, mes chers enfants, cette partie de nos leçons par les Cours d'assises et leur organisation. Ce n'était pas mon intention première, mais l'occasion s'en est présentée, elle s'est même imposée, pourrais-je dire, à propos de l'arrestation dont vous avez été témoins l'autre soir. En agissant ainsi, j'ai cru faire sur vos esprits une impression plus profonde.

Mais les Cours d'assises ne forment pas la seule division de nos juridictions criminelles ; il en est d'autres qui ont également leur importance, et qu'il est utile de vous faire connaître avec plus de brièveté.

D'abord, il y a deux grandes divisions dans ces sortes de juridictions : les *ordinaires* et les *extraordinaires*.

Parmi les ordinaires, nous avons :

1° Les tribunaux de *police* pour juger les *contraventions* aux lois et règlements. Cette juridiction est exercée par les juges de paix ;

2° La juridiction *correctionnelle*, créée pour juger les *délits*, et exercée par les tribunaux d'arrondissement ;

3° La juridiction *criminelle*, dont nous avons déjà parlé pour juger les *crimes*, est exercée par les *Cours d'assises*. On compte une Cour d'assises par département.

Voilà pour les *juridictions ordinaires* et qu'on pourrait appeler de droit commun.

Quant aux *juridictions extraordinaires*, il y en a deux :

1° *Les conseils de guerre*, destinés à juger les délits et les crimes des militaires qui sont sous les drapeaux. Les pénalités de cette juridiction sont beaucoup plus sévères que celles des autres tribunaux;

2° *La Haute Cour de justice*, qui n'est autre que le Sénat. Cette Cour-là, vous le concevez, ne fonctionne que très rarement, parce qu'elle juge seulement le chef de l'État ou les ministres, s'ils sont accusés de trahison.

Maintenant, écoutez-moi bien et tâchez de retenir ce que je vais vous dire.

Quand il s'agit de *l'application* des peines ou des sentences, le ministère public en a seul le droit comme représentant la société ou l'État : aussi appelle-t-on *action publique* ce droit exercé au nom de la société ou de l'État. Jamais les particuliers ne peuvent l'assumer; mais, par exemple, si un tiers est coupable envers eux d'une contravention déjà poursuivie par le ministère public, ils peuvent toujours, eux, victimes de cette contravention, intenter un procès au coupable devant la justice civile pour obtenir réparation du dommage qu'ils ont subi, réparation à laquelle on donne le nom de *dommages-intérêts*.

Mais, en tout cela, il ne peut s'agir que d'un *délit*, car lorsqu'il s'agit d'un crime, aucun particulier ne peut s'adresser directement à une Cour d'assises pour le faire punir. Dans ces cas, c'est toujours le ministère public qui s'en charge.

En voilà assez sur ce qui concerne la justice criminelle ; la prochaine fois, je vous dirai quelques mots de la justice civile.

QUESTIONNAIRE. — Quelles sont les juridictions criminelles et combien en distingue-t-on ? — Qu'entendez-vous par juridiction de police et par qui est-elle exercée ? — De quels tribunaux ressortent les causes criminelles ? — Combien y a-t-il de juridictions ordinaires ou extraordinaires, et quels en sont les noms ? — A quelles sortes de coupables s'appliquent-elles ? — A qui appartient l'action ou l'application des peines dans la juridiction criminelle ? — Les particuliers peuvent-ils exercer cette action ? — Quelle ressource ont les particuliers, quant à leurs intérêts privés, lorsqu'ils sont victimes d'une contravention ou d'un délit ? — Comment s'appelle la réparation qu'ils peuvent alors obtenir ?

JUSTICE CIVILE

Il ne faudrait pas vous imaginer que le rôle des magistrats consiste uniquement à poursuivre et à condamner des malfaiteurs. Dieu merci, il n'en est rien et leurs occupations quotidiennes sont d'une autre nature. Il s'agira donc aujourd'hui de ce que nous appelons les *juridictions civiles*.

Avant tout, quelle est la mission fondamentale de l'autorité judiciaire ?

En raisonnant d'une façon générale, l'autorité judiciaire s'occupe ou connaît de toutes les contestations qui peuvent s'élever entre les citoyens au sujet de leurs intérêts privés. Nous voilà du premier abord bien loin de l'appareil solennel des Cours d'assises. Y a-t-il discussion entre divers héritiers sur le partage d'une succession, si l'on ne parvient pas à s'entendre par voie de conciliation, ce qui vaut toujours mieux, l'affaire peut être portée devant le juge de paix, puis devant le *tribunal de première instance,* et enfin jusqu'à la Cour suprême ou de *cassation.*

Il en serait de même s'il y avait querelle ou litige entre les propriétaires d'un terrain possédé par *indivis,* c'est-à-dire en commun ; une contestation sur les contributions indirectes ; de même encore s'il s'en élevait sur l'état civil ou le domicile des citoyens. Les Cours de justice ont non seulement le droit, mais souvent le devoir de s'en occuper, lorsqu'on s'adresse à elles à cet effet.

Enfin, supposons que dans une famille, le père ou la mère vienne à mourir, laissant des enfants mineurs : l'autorité judiciaire intervient pour régler certains actes de succession, ou pour donner la force et l'authenticité à un acte fait en justice (1). Ce peu vous suffira sur la mission de la magistrature : voyons actuellement en combien de classes se divisent les magistrats. On en reconnaît deux fort distinctes :

1° Les juges ;
2° Les officiers du ministère public :

Les juges composent ce que l'on nomme la *magistrature assise ;* les officiers ministériels, celle que l'on appelle la *magistrature debout.*

Comme je vous le disais tout à l'heure, les juges statuent ou prennent des décisions sur les contestations. Ils sont tous nommés par le chef de l'État et ne peuvent être privés de leur charge que s'ils se rendent coupables d'un délit ou d'un crime : c'est pourquoi on les appelle *inamovibles.* Dans les pays civilisés,

---

(1) Cela s'appelle en droit , *homologuer un acte,* de deux mots grecs qui signifient assimiler, rendre semblables et, par extension, certifier.

on a adopté ce principe de l'*inamovibilité* appliqué à la magistrature pour assurer son indépendance, pour la mettre, autant que possible, à l'abri de toute corruption, pour donner à ses sentences des garanties d'impartialité.

Je dois ajouter, cependant, que tous les juges, sans exception ne sont pas inamovibles : les juges de paix, par exemple, peuvent être révoqués par l'administration.

Maintenant de combien de juges se compose un tribunal ? Le nombre en varie, suivant l'importance de la localité où il se trouve : le juge de paix siège toujours seul dans son tribunal.

Quant aux officiers ministériels, ils sont chargés, d'une manière générale, de requérir auprès des juges l'exécution de la loi ou la poursuite des crimes, *au nom de la société*. Ces officiers, procureurs généraux, avocats généraux, substituts, sont toujours *amovibles*, c'est-à-dire peuvent être révoqués.

Je vous ai dit que les juges se partageaient en deux catégories distinctes; mais ils forment, en réalité, plusieurs classes de tribunaux.

Nous avons d'abord les juges de paix ; l'on en compte toujours un par canton : on pourrait appeler ce magistrat l'homme de conciliation par excellence. Dans nos campagnes surtout, il rend les plus grands services. Deux paysans entêtés et querelleurs se disputent-ils un lopin de terre, et ne parviennent-ils pas à s'entendre ? Vite, ils vont devant le juge de paix, qui s'efforce de leur faire faire des concessions. Il y réussit souvent en mettant sous leurs yeux le tableau des dépenses énormes que leur causera un procès : dépenses d'avocats, d'huissiers, de greffiers, de papier timbré; si bien enfin, dit-il, que la valeur de votre lopin de terre peut y passer tout entière.

Si nos deux paysans ont du bon sens, ils finissent par entendre raison et se raccommoder. Mais, si ce sont deux enragés têtus, ils iront devant le tribunal de *première instance*, qui se trouve au chef-lieu d'arrondissement, et qui se compose ordinairement de trois juges, sauf dans la Seine, où la juridiction de ce tribunal s'étend sur tout le département.

Le procès une fois entamé se termine par une condamnation portée contre l'un des deux adversaires. Si celui qui perd son procès est trois fois têtu et que la sentence lui paraisse injuste, il porte l'affaire devant le tribunal supérieur ou devant la *Cour d'appel*, où elle est jugée à nouveau, défendue à nouveau par un nouvel avocat et où elle coûte, bien entendu, une montagne de nouveaux frais.

Mais, enfin, notre ami Gaspard, nommons-le ainsi, gagne cette fois et la Cour lui donne raison.

Vous croyez, mes chers enfants, que la chose est finie et bien finie. Non, le gagnant a en face de lui un obstiné, nommé Legrain : celui-ci veut aller devant la *Cour de cassation* et prétend qu'il perdra tout ce qu'il possède plutôt que de céder.

Qu'est-ce donc que la Cour de cassation? C'est un tribunal suprême, chargé de juger, en dernier ressort, non pas sur le fond du procès, mais sur la question de savoir si, soit à la Cour d'appel, soit au tribunal de première instance, il n'y a pas eu quelque vice de forme légale, qui rende nulle la sentence. S'il en était ainsi, en effet, l'affaire serait à recommencer devant une autre Cour d'appel, et voilà nos plaideurs bien avancés. Ne pensez-vous pas qu'ils auraient beaucoup mieux fait d'accepter l'arbitrage du juge de paix?

QUESTIONNAIRE. — Quelle est la mission fondamentale de l'autorité judiciaire? En cas de discussion, où peut-on porter la contestation? — Après la justice de paix, à quel tribunal d'appel peut-elle être soumise? — Quand le jugement de première instance est rendu, à quel tribunal faut-il s'adresser? — A quel tribunal l'arrêt de la cour d'appel peut-il lui-même être déféré? — Quelles sont les principales causes de discussion? — Qu'entend-on par mineurs? — S'il y a des mineurs dans une succession, quel est le rôle de l'autorité judiciaire? — Qu'entend-on par *homologuer*, et d'où vient ce mot? — Combien y a-t-il de classes de magistrats? — Nommez-les. Par qui sont nommés les juges? — Quelles causes peuvent les priver de leur charge? — Qu'entend-on par *inamovibilité?* — Pour quel motif les juges sont-ils inamovibles? — Quels juges ne jouissent pas de l'inamovibilité? — De combien de juges se compose le tribunal de la justice de paix, de première instance? — De quelles fonctions sont chargés les officiers ministériels? Sont-ils inamovibles? — Où se trouve le tribunal de première instance? — La Cour d'appel? — La Cour de cassation? — Qu'est-ce que la Cour de cassation? — Qu'arrive-t-il quand la Cour de cassation *casse un arrêt* de Cour d'appel?

VII

L'INSTRUCTION PRIMAIRE

Mes enfants, dit M. Bernard, la distribution des prix approche, et, par conséquent, les vacances ne sont pas loin. Vous devez être préoccupés, je le sais, des compositions que vous allez avoir à faire, plus préoccupés encore des plaisirs que vous vous promettez dans ces jours de repos. Je ne m'en étonne nullement; à votre âge, j'étais absolument dans les mêmes dispositions, et aujourd'hui que je ne suis plus jeune, je vous avouerai sans détour que je ne serai pas fâché de me reposer.

Parvenus donc à la fin de notre cours, je me suis demandé ce qui pourrait le plus vous intéresser comme objet de ce dernier entretien, et il m'est venu à la pensée de vous donner quelques détails sur l'organisation de notre instruction primaire.

Cette branche de l'enseignement national compte parmi les *services publics*. Que faut-il entendre par un service public, je vous l'ai déjà expliqué, mais il sera bon peut-être de vous le rappeler. C'est un ensemble d'opérations ayant pour but de subvenir aux besoins collectifs des membres d'une société, besoins qui, par leur permanence ou plutôt leur continuité, exigent une organisation et un personnel particuliers. Ainsi, pour ne parler que de l'instruction primaire, elle ne pourrait être suspendue sans condamner le pays à l'ignorance, partant à l'abrutissement. Voilà pourquoi l'État, comme les individus, ayant grand intérêt à la conserver, on en a fait un service public.

Mais, parmi les services publics, les uns sont purement *matériels*, les autres ont un caractère essentiellement religieux, moral ou intellectuel : de ce nombre sont les cultes et l'instruction publique.

Lorsque je vous ai parlé de l'École, je suis entré dans assez de détails sur ce qu'elle était autrefois et sur ce qu'elle est devenue aujourd'hui, pour n'avoir pas à y revenir. Mais il est bon de constater les progrès remarquables qui se réalisent depuis quelques années dans les méthodes, dans les procédés d'enseignement, dans le nombre des élèves comme dans celui des établissements scolaires construits ou appropriés pour les recevoir.

Que est d'abord le programme que vous devez suivre et que vous suivrez en effet? D'après la loi du 15 mars 1850, loi restée célèbre, comme celle de M. Guizot, dont je vous ai parlé, l'enseignement primaire comprend : l'instruction religieuse et morale, la lecture, l'écriture, les éléments de la langue française, le calcul, le système légal des poids et mesures, l'histoire et la géographie. Aujourd'hui, on y joint encore les notions élémentaires de physique, de chimie, d'agriculture; la gymnastique, les exercices militaires pour les garçons, les travaux à l'aiguille pour les filles, des notions sur l'arpentage, le dessin linéaire, le chant, les langues vivantes, la tenue des livres, la géométrie. Malheureusement on a banni de nos écoles la Religion : Dieu veuille qu'on y revienne. En tous cas, mes enfants, ici nous resterons ce que nous avons toujours été, de sincères chrétiens : vos parents le veulent et moi je le veux autant qu'eux.

Voilà ce que vous apprenez, mais, bien entendu, vous n'apprenez que les éléments de toutes ces choses.

Maintenant qui donne l'enseignement? L'État, les particuliers, des associations remplissant les conditions de moralité et de capacité que les lois prescrivent et que les règlements placent sous la surveillance de l'autorité publique. Vous le voyez, l'instruction primaire constitue un des services publics les plus importants.

L'enseignement, vous ai-je dit, est donné, ou par l'État, ou par des particuliers; il se divise donc en deux catégories : l'enseignement public, celui de l'État; l'enseignement libre ou privé, celui des particuliers.

L'année dernière, par une loi en date du 28 mars 1882, on a introduit dans l'instruction primaire le principe de l'obligation. Désormais, tous les enfants de six à treize ans sont obligés de fréquenter une école publique ou libre, à moins qu'ils ne reçoivent une instruction semblable dans le sein de leur famille. Désormais aussi, si vous vous absentez, vous serez obligés de fournir les raisons de vos absences, et si vos parents les toléraient souvent, ils s'exposeraient à l'amende et même à la prison. Du reste, cette loi, à raison de son caractère irréligieux, soulève partout une vive opposition dans les cœurs chrétiens, et ce n'est que justice.

Autre principe adopté par une loi du 17 juin 1881 : la gratuité; mais ce principe ne s'applique qu'aux écoles publiques.

Toute commune doit-elle avoir son école? Oui; il y a pourtant des exceptions : 1° plusieurs communes peuvent se réunir pour avoir une seule école ; 2° toute commune peut pourvoir à l'enseignement dans une école libre.

Quant aux filles, il est également enjoint à la commune d'entretenir pour elles une école spéciale, à moins que la population soit au-dessous de 500 âmes. A côté de ces établissements scolaires, il faut compter encore les pensionnats primaires, les écoles d'adultes et d'apprentis, enfin les salles d'asile pour les enfants de trois à six ans.

Autres questions : Qui sera chargé des dépenses matérielles pour la construction ou l'entretien des écoles? Qui paiera les instituteurs et les institutrices? Qui fournira le mobilier scolaire? La commune, toujours la commune. Mais par quels moyens la commune suffit-elle à ces dépenses qui sont souvent considérables ?

Vous vous rappelez, mes enfants, que chaque commune a son budget municipal, voté annuellement par le maire et le conseil. Dans ce budget figure une somme de quatre centimes par tête, quelquefois même de dix, ajoutée aux autres impôts et représentant en total la part de l'instruction primaire. Tout contribuable, bien entendu, est obligé de payer annuellement cette somme de quatre, huit ou dix centimes en sus de sa part de contributions.

Mais il arrive que cette ressource ne suffit pas, et alors la commune peut s'adresser à la *Caisse des écoles*, fondée tout récemment dans le but de venir en aide aux communes nécessiteuses : celles-ci lui font un emprunt remboursable en un certain nombre d'années.

Parfois, cependant, ces emprunts sont encore insuffisants ; alors on a recours et au département et à l'État, lesquels avancent à la commune une somme d'argent appelée *subvention*, c'est-à-dire une somme destinée à lui faciliter sa lourde tâche.

Les dépenses, pour donner à chacun de vous un enseignement gratuit, se montent à des sommes considérables et se chiffrent par centaines de millions, quand il s'agit de toute la France. C'est donc bien le moins que vous cherchiez à profiter, par votre application, des bienfaits de la société, c'est-à-dire de la patrie.

Quant au personnel du corps enseignant, il se compose d'un *instituteur* en chef ou titulaire, auquel on ajoute des *adjoints* quand l'école est nombreuse. Les préfets nomment ce personnel, en s'appliquant à choisir des candidats d'une capacité déterminée par la loi elle-même.

Les instituteurs et les institutrices sont formés et préparés à leur rude profession dans des *écoles normales*, et chaque département est tenu d'en avoir une pour les uns et les autres.

Il va sans dire que ce nombreux personnel enseignant a toujours besoin d'être contrôlé et surveillé, car, enfin, s'il y a beaucoup d'instituteurs excellents et dignes de respect, il y en a de médiocres et même de mauvais. Encourager, récompenser les uns; stimuler ou révoquer les autres; voilà le rôle des autorités scolaires.

Quelles sont ces autorités?

D'abord le maire et les délégués cantonaux, qui représentent les familles et ont droit de visiter l'école. Puis les représentants de l'État, qui sont les inspecteurs primaires, les inspecteurs d'académie, les conseils départementaux, et enfin les recteurs. Tous ces divers agents ont le droit d'exercer, à certains degrés, la surveillance et le gouvernement, pourrait-on dire, de l'instruction primaire.

Telles sont, mes chers enfants, les notions principales qu'il m'a paru bon de vous donner sur notre enseignement public. J'y ajouterai encore quelques détails sur le nombre des écoles et sur celui des élèves qui les fréquentent, soit à titre d'établissements publics, soit à titre d'établissements libres.

Si je consulte un rapport officiel publié cette année même par le ministère de l'Instruction publique, il y avait, à la fin de 1881, 74 441 écoles. Or, en 1880, il y en avait 73 764 de toute nature : la différence entre ces deux chiffres constate donc une augmentation de 677 dans le nombre des écoles.

Cela ne veut pas dire assurément qu'il n'y ait pas encore beaucoup à faire ; mais cela doit nous encourager à redoubler plus que jamais nos efforts pour multiplier par tous les moyens l'instruction chrétienne et primaire.

Si le nombre des écoles a sensiblement augmenté dans l'espace d'une année, il doit en être de même du nombre des élèves. Voici ce que je trouve à cet égard, dans le même compte rendu : le total général des écoliers et écolières en France, à la fin de 1881, était de 5 049 363, ce qui fournit en chiffres ronds (99 772) cent mille élèves de plus qu'à la fin de 1880.

Je m'arrête là, ne voulant pas vous fatiguer de chiffres nombreux que vous auriez bientôt oubliés.

QUESTIONNAIRE. — Quelle est l'importance de l'enseignement primaire ? — Pourquoi en a-t-on fait un service public ? — Combien y a-t-il de sortes de services publics et à quelle catégorie appartient l'enseignement primaire ? — Quelle est la loi qui règle les études primaires, et quel en est le programme ? — En quoi ce programme diffère-t-il pour les garçons et pour les filles ? — Qui donne l'enseignement, et en combien de catégories le divise-t-on ? — Quel nouveau principe la loi du 28 mars 1882 introduit-elle dans l'instruction primaire, et quelle en sera la conséquence ? — A quoi se trouveront obligés les enfants ? les parents ? — Quel autre principe se trouve appliqué par la loi du 17 juin 1881 ? — Toute commune doit-elle avoir une école ? — Dans la pratique, comment s'y prennent les communes pour satisfaire à la loi ? — Quand la commune est-elle tenue d'avoir une école spéciale de filles ? — Lorsque les ressources de la commune sont insuffisantes, comment arrive-t-elle à construire ou à participer à la construction d'une école ? — Quand l'emprunt à la Caisse des écoles ne suffit pas encore, à qui s'adresse la commune ? — Quelles résolutions doit vous inspirer la vue des sacrifices faits pour votre instruction ? — Quel est le personnel d'une école? — Par qui ce personnel est-il contrôlé? — Quels sont les représentants de la famille? de l'État? — Combien existait-il d'écoles en France à la fin de 1881? — De combien ce chiffre surpasse-t-il celui de 1880? — Combien ces écoles comprenaient-elles d'élèves? — Quelle différence avec 1880?

VIII

CONCLUSION

Comme je vous le disais au début de cet entretien, mes bons amis, nous voilà arrivés à la fin de nos leçons sur l'Instruction civique; il faut donc conclure, et je m'estimerai fort heureux si vous conservez profondément gravé dans votre mémoire le sujet de nos entretiens.

L'*Instruction civique*: ce sont deux mots creux et vides de sens, si l'on n'y rattache tout ce que nous devons aimer et vénérer, dans la vie privée comme dans la vie publique. C'est pour cela que je me suis efforcé de vous démontrer, bien imparfaitement sans doute, les liens intimes qui existent entre Dieu, la famille et l'école, entre l'école et la société civile, entre la société civile et la société politique.

A travers nos leçons, nous avons senti la morale religieuse intervenir dans toutes les directions et pénétrer partout, comme la sève pénètre jusqu'aux extrémités de l'arbre majestueux, ou comme le sang circule à travers les fibres les plus délicates du corps humain. Morale et Religion, voilà, en effet mes bien-aimés élèves, ce qui fait la force, la grandeur, la noblesse des nations comme des individus. Aussi me réservé-je de reprendre prochainement avec vous un petit nombre de conversations sur cet important sujet. La France, notre chère patrie, porte en elle ces principaux caractères ; par sa générosité, par sa charité, par le sentiment chrétien de la fraternité, elle se distingue entre toutes les nations. Conservez précieusement ces qualités pendant votre vie entière. Soyez Français, aimez la France, terre de loyauté et d'honneur! Aimez-la dans ses gloires, aimez-la dans ses défaites et dans ses périls, aimez-la pour les bienfaits qu'elle vous confère, pour les nobles exemples que vous donnent ses citoyens illustres, rendez-vous dignes de mériter les premiers, efforcez-vous d'imiter les seconds.

C'est le meilleur vœu que je puisse former pour vous et que je vous adresse du fond du cœur.

FIN

TABLE DES MATIÈRES

PREMIÈRE PARTIE

La Famille

	Pages.
I. La Famille..	1 à 4
La Famille dans l'antiquité païenne :	
Le Père..	4
La Mère..	6
L'Enfant...	7
II. La Famille sous le Christianisme..................	9
III. La Famille avant la Révolution....................	12
IV. La Famille dans la société actuelle...............	16
V. Devoirs des enfants envers la famille :	
Amour pour les parents...........................	22
Récit : Un fils ingrat................................	25
Obéissance..	27
Respect et reconnaissance........................	30
Récit : Le dévouement filial.....................	33

Pages.

DEUXIÈME PARTIE

L'École

I.	L'École d'autrefois et l'École d'aujourd'hui............	34
II.	Différence entre l'instruction et l'éducation.........	47
III.	Ce qu'on doit à l'instituteur.....................	53
IV.	Les Camarades................................	57

TROISIÈME PARTIE

Société et patrie

	La Société est un échange de services..........	61
I.	L'École, image de la société.....................	66
II.	Les avantages de la société.....................	69
III.	La Patrie, c'est la grande famille................	73
IV.	Récits : Le chevalier d'Assas.....................	76
V.	Charité et Patriotisme : La sœur Monique.........	79
VI.	Le Patriotisme peut-il se former, se cultiver ? — Comment se forme le patriotisme ?...........	81
VII.	Patriotisme et chauvinisme, cela fait deux........	85
VIII.	Les Droits civils et la Société civile..............	89
IX.	L'Égalité devant la loi...........................	95
X.	La Liberté.....................................	98
XI.	Le Droit de propriété...........................	104
XII.	La Liberté du travail............................	107
XIII.	Devoirs envers la Patrie : Le Service militaire.....	111

QUATRIÈME PARTIE

La Société politique

I.	La Commune.................................	118
II.	Organisation et attributions du Conseil municipal......	122
III.	La Mairie.....................................	125
IV.	Le Canton et l'Arrondissement	132
V.	Le Département...............................	137

	Pages.
Le Conseil général............................	140
Attributions..................................	144
La Commission départementale.................	146
Le Préfet et le Conseil de préfecture............	147

CINQUIÈME PARTIE

L'État

I.	Le Chef de l'État.............................	155
II.	Les Ministres................................	157
III.	Le Pouvoir législatif..........................	160
IV.	L'Impôt. — Impôts directs, impôts indirects......	166
V.	De l'administration française : 1° la Centralisation. — 2° la Juridiction administrative. — 3° le Conseil d'État...................................	176
	La Justice. — Justice criminelle. — Cour d'assises.	187
	Suite de la justice criminelle.................	198
	Juridictions civiles..........................	200
VII.	L'Instruction primaire : Statistique actuelle de l'Enseignement primaire.....................	204
VIII.	Conclusion	211

FIN DE LA TABLE

MOTTEROZ, Adm.-Direct. des Imprim. réunies, A, rue Mignon, 2, Paris.

www.ingramcontent.com/pod-product-compliance
Lightning Source LLC
Chambersburg PA
CBHW071934160426
43198CB00011B/1401